MANUAL QUE ACOMPAÑA

Punto
y aparte

SECOND EDITION

MANUAL QUE ACOMPAÑA

Punto
y aparte

SPANISH IN REVIEW, MOVING TOWARD FLUENCY

SECOND EDITION

Sharon W. Foerster

Anne Lambright
Trinity College

Fátima Alfonso-Pinto
The University of the South

Boston   Burr Ridge, IL   Dubuque, IA   Madison, WI   New York   San Francisco   St. Louis
Bangkok   Bogotá   Caracas   Kuala Lumpur   Lisbon   London   Madrid   Mexico City
Milan   Montreal   New Delhi   Santiago   Seoul   Singapore   Sydney   Taipei   Toronto

McGraw-Hill Higher Education

A Division of The **McGraw-Hill** Companies

This is an  book.

Manual que acompaña
PUNTO Y APARTE

ISBN 0-07-252543-6

www.mhhe.com

Contents

Preface

This *Manual* is designed to accompany *Punto y aparte,* Second Edition, published by The McGraw-Hill Companies, Inc., 2003. As with the previous edition, this combined workbook and laboratory manual offers a variety of written exercises and listening and pronunciation practice that reinforces the vocabulary and **puntos clave** presented in the main text. Once a section from the textbook has been introduced, the instructor may assign the same section in the *Manual* as a reinforcement of the work done in class.

This edition of the *Manual* has two new features in each of the main chapters.

- **Los puntos clave en contexto:** The exercises in this new section require students to produce open-ended language at the sentence and paragraph levels while applying the seven communicative functions in a contextualized setting.
- **Rincón cultural:** In this new section, with the same name as the cultural section of the main text, students read a cultural explanation written in the first person by a native Spanish speaker, respond to comprehension questions, and then relate the same topics to their own culture or experiences.

Additional changes to this edition include a specific expansion and enhancement of the **Para empezar** chapter (described below), a new **Para repasar** chapter found between **Capítulo 3** and **Capítulo 4,** and a general updating of the entire contents of the *Manual.*

In response to feedback from professors and student instructors, the **Para empezar** chapter now offers students more practice with the **puntos clave** during the crucial first week(s) of the course. Especially in the **Para empezar** chapter but throughout the *Manual,* students will now find new **Pista caliente** (Hot tip) boxes. These hints or brief grammatical reminders are written in English and will aid students in recalling what they may have forgotten over a summer or winter break, thus better preparing them to apply the seven communicative functions at the beginning of the course.

The new **Para repasar** chapter found between **Capítulo 3** and **Capítulo 4** can be used as a midterm review for schools that complete *Punto y aparte* in one semester. For schools that extend the course across a complete academic year, **Para repasar** can serve as a review at the beginning of the second semester. Since **Para repasar** is only meant to be a quick review, it does not contain all of the sections of a main chapter nor the many **Pista caliente** boxes of **Para empezar.**

Finally, all of the features and many of the exercises introduced in the first edition have been retained for this edition. Where appropriate, new activities have been inserted and old activities have been updated or revised to make them more relevant and useful to students.

Each chapter of the *Manual* (except **Para repasar**) contains two sections: **Práctica escrita** and **Práctica oral.** Many of the exercises in the *Manual* are based on the lives of the five friends or on cultural information about the region featured in each chapter of the main text. Here is an overview of the different sections of each main chapter in the *Manual.*

Práctica escrita

- **Vocabulario del tema:** The vocabulary exercises are introduced with a recognition exercise. This is followed by exercises that require students to use the new vocabulary in different contexts.
- **Puntos clave:** This section begins with **Práctica de formas verbales.** The first exercise in this subsection, entitled **Práctica de conjugación,** features six verbs from the new vocabulary. This exercise is followed by **Traducciones,** in which students translate expressions in various tenses. **Los puntos claves principales** features a series of exercises to help students practice the

grammatical structures (**puntos clave**) associated with the chapter's featured communicative function. The exercises in **Los otros puntos clave** offer students practice with all seven communicative functions in each chapter.

Because vocabulary acquisition is one of the main goals of the *Punto y aparte* program, the **Reciclaje del vocabulario y los puntos clave** section (beginning with **Capítulo 2**) provides an excellent opportunity for students to use the vocabulary and grammar from previous chapters within the context of the new chapter theme.

The **los puntos clave en contexto** section urges students to apply the seven communicative functions to a more contextualized setting. In **Paso 1** of this section, students answer open-ended questions with one or more complete sentences. In **Paso 2**, they combine their answers from **Paso 1** into a composition, thus offering additional paragraph-length writing practice.

- **Rincón cultural:** In **Paso 1** of this section, **¿Qué significa para mí ser... ?**, students read an explanation of what it means to be from the country or region introduced in the current chapter of the main text. Each explanation is a firsthand account by a native speaker from the appropriate country or region. In **Paso 2**, students answer comprehension questions about the native speaker's account and express their own opinions about their own culture or community.

- **Portafolio de lecturas:** This activity asks students to choose a region of the Spanish-speaking world and to read articles on that region throughout the term. Students may copy and complete the **Portafolio** Chart found at the end of this *Manual* (or reproduce the information on a computer, to be printed or e-mailed) and submit their report either as a course requirement or for extra credit.

- **¡A escribir!:** This activity asks students to complete a movie review based on a movie thematically tied to the chapter. A list of possible films is also given. This writing activity may be used as an integral part of the curriculum or as an extra credit activity.

- **Prueba diagnóstica:** This section contains a diagnostic quiz that assesses students' grasp of the grammar points needed in order to successfully express the seven communicative functions presented throughout the text. Diagnostic quizzes are found at the end of the **Para empezar** and **Capítulos 2, 4,** and **6.**

Práctica oral

- **Trabalenguas:** These tongue twisters serve as a unique and fun way for students to continue to practice and improve their Spanish pronunciation. The **trabalenguas** also contain elements of the **puntos clave** being studied, highlighted for ease of recognition.

- **María Metiche:** This section, formerly called **Situaciones**, features a character named María Metiche, a regular at the Ruta Maya café who gossips about what she has recently overheard. The main purpose of this exercise is to reinforce students' abilities to recognize the distinct uses and functions of the preterite and the imperfect.

- **Vocabulario del tema:** The exercises in this section assess the students' comprehension of the chapter's active vocabulary terms.

- **Puntos clave:** The first activity in this section is a structured input activity that requires students to demonstrate their comprehension of a series of statements based on verbal forms or word endings, rather than morphological time or gender markers, respectively. The second activity in this section, **Dictado,** asks students to write the five sentences they hear and then to indicate which communicative function is present in each sentence.

- **Para escuchar mejor:** This chapter-culminating listening activity provides students with the opportunity to hear a longer monologue on an academic topic and to practice notetaking. This section begins with pre-listening activities (**Antes de escuchar**) that serve as an introduction to the theme of the monologue and as practice for listening for specific information. The first activity in **¡A escuchar!** assesses students' comprehension of the listening passage. The second activity, **¡Apúntelo!,** asks students to listen once again to the passage. Here students take notes on the content of the passage and then summarize their notes in a chapter-ending writing task in the third activity: **En resumen.**

An answer key is provided at the back of the *Manual* so that students may check their own work. In addition, answers to many of the **Práctica oral** activities are given on the Audio CD. Activities or parts of activities marked with this symbol (❖) do not contain answers either in the answer key or on the Audio CD.

The authors would like to express their appreciation to William R. Glass, who shaped the revision plan for this edition, and to Scott Tinetti and Allen J. Bernier, who oversaw its development and editing. Thanks are also due to Laura Chastain, who read through the manuscript to ensure linguistic and cultural authenticity.

PARA EMPEZAR

PRACTICA ESCRITA

▽ ▽

Cara a cara: Los cinco amigos

❖**A. Detalles personales***   Lea la primera oración sobre uno de los cinco amigos. Luego, complete la segunda oración con información personal de Ud.

REACCIONAR
R
RECOMENDAR

1. La madre de Javier quiere que él se case con una puertorriqueña. Mi madre (padre, hijo/a, …)

    quiere que yo _____,

    pero yo _____

PASADO
P

2. Laura comenzó a aprender español en la universidad. Yo _____

    _____

FUTURO
F

3. Cuando termine sus estudios, Laura se mudará al Ecuador. Yo _____

    _____

_____

*This symbol ❖ before exercises or parts of exercises indicates that there are *no* answers for that item in the Answer Key.

In the interactive *CD-ROM to accompany Punto y aparte,* you will find additional practice with the grammar in this chapter.

COMPARAR

4. Sara es más delgada que Laura pero menos alta que ella. Mi mejor amigo/a es

_____

GUSTOS G

5. A Javier le encanta hablar con todo el mundo. A mi mejor amigo/a y a mí

_____

HIPÓTESIS H

6. Si Sergio pudiera conseguir un puesto en Los Angeles, se mudaría allí inmediatamente. Si yo

_____

PASADO P

7. Diego y Javier se conocieron cuando Javier asistía a un congreso en Monterrey. Mi mejor amigo

y yo _____

DESCRIBIR D

8. Ruta Maya es el café preferido de nuestra pandilla (*gang*) de amigos. Durante mi primer año de

la universidad, mi lugar favorito era _____ porque

_____

B. Perfil (*Profile*) personal

❖**Paso 1** Complete lo siguiente con información sobre Ud.

1. Rasgos (*Traits*) principales de mi carácter: _____

_____

2. Mi estado de ánimo en estos días: _____

_____

3. Ayer y hoy: _____

_____

4. La sugerencia que más me dan: _____

_____

5. Un secreto de mi pasado: _____

_____

6. Lo que más me fascina: _____

_____

7. Lo que más me molesta: _____

_____

8. Si pudiera invitar a dos personas a cenar: _____

_____

9. Cuando tenga suficiente dinero, iré a: _____

_____

❖**Paso 2** Ahora en otro papel o a computadora, escriba una pequeña autobiografía para que su profesor(a) lo/la conozca a Ud. mejor.

Puntos clave

> **Pista caliente** (*Hot tip*)   If you find you are having difficulty with a particular grammar point, review the appropriate grammar explanation(s) found in the green pages near the back of the main text.

PRACTICA DE FORMAS VERBALES

A. Práctica de conjugación Complete la siguiente tabla con las conjugaciones apropiadas de los verbos indicados.

	presente de indicativo	pretérito/ imperfecto	presente perfecto	futuro/ condicional	presente de subjuntivo	pasado de subjuntivo
1. **hacer (yo)**						
2. **ser (nosotros)**						
3. **ir (ella)**						
4. **saber (yo)**						
5. **tener (ellos)**						
6. **poder (tú)**						

B. Traducciones Traduzca las siguientes oraciones. Recuerde utilizar los pronombres de complemento directo e indirecto siempre que (*whenever*) sea posible.

> MODELOS: Get up (**tú**). → Levántate.
> Don't get up (**tú**). → No te levantes.
> I'm writing to her. → Le estoy escribiendo. / Estoy escribiéndole.
> We want to send it (**el paquete**) to you (**Ud.**). →
>   Se lo queremos enviar. / Queremos enviárselo.
> She had already left when I arrived. → Ella ya se había ido cuando llegué.

1. I write to her. _____

2. I am writing to her. _____

3. I wrote to her. _____

4. I used to write to her. _____

5. I have written to her. _____

6. I had already written (to) her when she called. _____

_____

7. I will write to her. _____

8. I would write to her. _____

9. She wants me to write to her. _____

_____

10. She wanted me to write to her. _____

_____

11. Write to her (**tú**). _____

12. Don't write to her (**Uds.**). _____

13. Let's write to her. _____

DESCRIPCION

> **Pista caliente**   With adjectives, use **ser** to express inherent characteristics and **estar** to express conditions such as health, mental state, or change from the perceived norm.
>
> Sara **es** activa pero hoy **está** cansada. (*She is not usually tired.*)

A. Los cinco amigos y el café Ruta Maya   Complete cada oración con la forma apropiada de **ser** o **estar.**

1. La abuela de Laura _____ riquísima. Tiene una gran cantidad de dinero.

2. Laura _____ preocupada por la enfermedad de su abuela.

3. El ambiente de Ruta Maya _____ fantástico.

4. Este mes, el café _____ decorado con fotos de Guatemala.

5. Los dueños de Ruta Maya _____ muy generosos.

6. Sara _____ nerviosa porque tiene un examen muy importante.

7. Diego y Sergio _____ muy cómicos y tratan de ayudar a Sara a relajarse.

8. La exhibición _____ en el Museo Mexic-Arte.

B. El café Ruta Maya   Complete la siguiente narración con la forma apropiada de **ser** o **estar**.

El café Ruta Maya _____¹ localizado en el distrito teatral de Austin, Texas. _____² un lugar fascinante porque la clientela _____³ diversa e interesante. La dueña, Marisol, _____⁴ de Cuba. Por eso, trata de crear un ambiente hispano con su café estilo cubano, sus empanadas y licuados y su muralla estilo azteca.

Hoy Marisol y su marido _____⁵ preparando una recepción. La recepción _____⁶ esta noche en Ruta Maya. _____⁷ a las 3:00 de la tarde y los invitados llegarán dentro de cuatro horas. Los dos _____⁸ muy ocupados con los preparativos. Pero _____⁹ tranquilos porque saben que Javier va a _____¹⁰ allí dentro de poco para ayudarlos.

C. Austin, Texas   La concordancia de los adjetivos: Sustituya las palabras en letra cursiva (*in italics*) por las que están entre paréntesis, haciendo todos los cambios necesarios.

1. Las numerosas *galerías de arte* que se encuentran en Austin ofrecen al público una gran variedad de exhibiciónes. (museos) _____

   _____

2. *El capitolio,* que está cerca de la Universidad de Texas, es muy atractivo. (La biblioteca presidencial) _____

   _____

2. *La variedad y la calidad de los hoteles* son impresionantes. (El número de clubes)

   _____

3. *Los conciertos* al aire libre son maravillosos. (La Feria de Libros) _____

   _____

4. *Los pueblos* pequeños que están cerca de Austin son muy pintorescos. (Las lagunas) _____

   _____

5. Muchos de los *restaurantes* del centro (*downtown*) son elegantísimos. (tiendas) _____

   _____

COMPARACION

A. ¿Más, menos o igual?   Haga una comparación entre cada par de personas o cosas que hay a continuación. Los símbolos > (más que), < (menos que) y = indican qué tipo de comparación Ud. debe hacer. Tenga cuidado con los verbos **ser** y **estar.**

1. un Jaguar / un Honda / caro (>) _____

   _____

2. Javier y Sergio / Sara / preocupado (<) _____

   _____

3. las cerámicas / la ropa indígena / bonito (=) _____

   _____

4. Sara / Diego / contento (>) _____

   _____

5. Javier / Laura / cansado (=) _____

   _____

6. las fiestas / los cines / divertido (>) _____

   _____

7. la macarena / el tango / complicado (<) _____

   _____

8. yo / mi mejor amigo/a / ¿ ? (=) _____

   _____

Pista caliente When making comparisons of equality, first determine whether you are comparing characteristics or conditions (using adjectives) or people, places, or things (using nouns). Then choose accordingly between **tan... como** and **tanto/a/os/as... como**.

B. Sustantivos y adjetivos

Paso 1 Escriba una **S** al lado de todas las palabras que son sustantivos y una **A** al lado de todas las palabras que son adjetivos.

_____ años   _____ ciudades   _____ estudioso   _____ problemas

_____ bajo   _____ clases   _____ películas   _____ rico

Paso 2 Haga comparaciones de igualdad. Preste atención a los sustantivos y los adjetivos para determinar si debe usar **tan... como** o **tanto/a/os/a... como**.

1. Javier tiene _____ problemas con su madre _____ Laura tiene

   con su padre.

2. Los cantantes son _____ ricos _____ los actores.

3. Sara ha visto _____ películas esta semana _____ Javier.

4. La Argentina tiene _____ ciudades fascinantes _____ Chile.

5. Mari y Ramona son _____ bajas _____ sus primas.

6. Mi abuelo vivió _____ años _____ tu abuelo.

7. Tú no eres _____ estudioso _____ yo.

8. Este semestre tomo _____ clases _____ tú.

> **Pista caliente** When a comparison involves a verb, in comparisons of either equality or inequality, the verb precedes **más que, menos que,** or **tanto como.**
>
>   Sara **come tanto como** Laura.   Javier **trabaja más que** su hermano.

C. Los primos Diego y Sergio Complete las siguientes comparaciones con las palabras más apropiadas según lo que Ud. sabe de Sergio y Diego.

Aunque Sergio y Diego son primos, son muy diferentes. Física-

mente, Sergio es _____ [1] alto _____ [2]

Diego y tiene el pelo _____ [3] corto

_____ [4] Diego. Sergio es tan trabajador

_____ [5] su primo pero Diego pasa

_____ [6] tiempo _____ [7] Sergio divir-

tiéndose. Es que Sergio es _____ [8] fiestero[a]

_____ [9] Diego, pero antes Diego salía _____ [10] su primo —a los dos

les encantaba ir a fiestas cada fin de semana. Ahora, Diego trabaja _____ [11] antes.

Pasa más _____ [12] doce horas diarias en su tienda «Tesoros». ¡Qué lástima!

[a]*party-going*

REACCIONES Y RECOMENDACIONES

> **Pista caliente** Remember the types of elements in the **main clause** that trigger use of the *subjunctive* in the subordinate clause.
>
> | | | |
> |---|---|---|
> | W | (wish, willing) | **Quiero que** Diego *trabaje* menos horas. |
> | E | (emotions) | **Me sorprende que** no *tenga* dinero. |
> | I | (impersonal expressions) | **Es necesario que** *estudien* más. |
> | R | (reactions, recommendations) | **Sugiere que** *comamos* más verduras. |
> | D | (doubt, denial) | **No creo que** *llegue* más gente a esta fiesta. |
> | O | (ojalá) | **Ojalá que** *reciban* buenas notas. |
>
> Also, remember that after expressions of certainty (**creer que, pensar que, es cierto que, es evidente que,** etc.) the *indicative* is used.
>
>   **Es obvio que** a Diego le *encanta* la artesanía indígena.

A. ¿Subjuntivo o indicativo? Complete las siguientes oraciones con la forma correcta del verbo según el contexto.

Los estudios de Sara

1. Pienso que Sara _____ (levantarse) temprano para estudiar todos los días.

2. Es importante que ella _____ (escribir) por lo menos cinco páginas cada

    día para poder terminar la tesis para junio.

3. Prefiere que sus profesores le _____ (dar) sus opiniones muy pronto.

4. Creo que los profesores _____ (tener) mucha confianza en ella.

5. No creo que Sara _____ (estar) muy segura de sus habilidades.

De viaje con Sara y Laura

6. Es increíble que Sara y Laura _____ (ir) a España este año.

7. Laura cree que Sara _____ (querer) visitar todos los museos con ella.

8. Pero Sara prefiere que Laura _____ (visitar) algunos lugares sin ella.

9. Sara no piensa que _____ (haber) tiempo suficiente para hacer una excursión a Sevilla.

10. Sara piensa que ellas _____ (deber) volver a España el año que viene.

B. Las expresiones impersonales Complete las oraciones con el subjuntivo o el indicativo según el contexto.

1. Es necesario que los dueños de Ruta Maya _____ (buscar) un conjunto musical latino para el próximo fin de semana.

2. Es impresionante que tanta gente _____ (ir) a Ruta Maya cuando toca un grupo latino.

3. Es obvio que a la gente de Austin le _____ (gustar) escuchar este tipo de música.

4. Es increíble que los estudiantes universitarios _____ (tener) tanto interés en escuchar la música de Flaco Jiménez, Tish Hinojosa y Los Gitanos.

5. Es probable que los profesores les _____ (dar) crédito extra a los estudiantes que asistan a estos eventos.

C. Diego es adicto al trabajo Complete esta descripción de Diego con la forma apropiada del presente de indicativo o de subjuntivo.

Aunque es fantástico que la tienda de Diego _____[1] (haber) tenido mucho éxito, sus amigos no creen que Diego _____[2] (deber) trabajar tanto. No les gusta que Diego _____[3] (participar) menos en las actividades divertidas que ellos planean. Laura y Sara están seguras de que _____[4] (poder) convencer a Diego de que _____[5] (buscar) a alguien para ayudarlo con la gran cantidad de trabajo que tiene cada semana. Su ex novia, Cristina, duda que Diego _____[6] (cambiar). Pero sus amigos creen que es importante que ellos _____[7] (hacer) un gran esfuerzo para encontrar una manera de recuperar al amigo que antes se divertía tanto con ellos.

PASADO

P NARRACION EN EL PASADO

A. Las formas del pretérito Complete la tabla a continuación con la forma apropiada del pretérito.

	yo	tú	él / ella / Ud.	nosotros	ellos / ellas / Uds.
1. buscar					
2. vender					
3. ir					
4. hacer					
5. traer					
6. divertirse					
7. dormir					
8. leer					

B. El pretérito en contexto: La coartada (*alibi*)   Llene los espacios en blanco con la forma apropiada del pretérito para completar el informe (*report*) que doña Catalina Alarcón, la tía de Sergio, le dio a la policía sobre un asesinato que tuvo lugar en el ascensor (*elevator*) de su edificio.

> **Pista caliente**   If you tell a story using just the preterite, it sounds like a report of events. Each new verb in the preterite moves the story line forward in time. The preterite is the backbone of a story.

> **Pista caliente**   The following connectors are useful when talking about a chronological series of events: **primero, segundo, luego, después, finalmente.**

Pues a ver… (yo) _____¹ (salir) de mi casa a las ocho y cuarto. Primero

_____² (ir) al mercado para hacer las compras. Allí _____³ (comprar)

fruta, carne y pan. Luego, _____⁴ (hablar) un rato con doña Luisa. Después,

_____⁵ (pasar) por la farmacia por unas aspirinas. Finalmente,

_____⁶ (regresar) a casa a las nueve. Cuando _____⁷ (entrar) en el

ascensor, _____⁸ (ver) a un hombre muerto y _____⁹ (gritar). Cuando

el portero^a don Ramón _____¹⁰ (llegar), yo _____¹¹ (desmayarse^b) y

él _____¹² (llamar) a la policía. Eso es todo.

^a*doorman*   ^b*to faint*

C. El imperfecto en contexto: Los detalles al fondo   Ahora, lea el mismo informe de doña Catalina con los detalles al fondo que no había en el ejercicio anterior. Llene los espacios en blanco con la forma apropiada del imperfecto para explicar lo que pasaba alrededor de doña Catalina o lo que sentía o pensaba.

Pista caliente   In a story, the imperfect (1) sets the scene by providing background information, (2) describes what was going on in the past before something else happened, or (3) describes people, places, things, and emotions in the past. That is, the imperfect is the flesh that fills out the backbone (preterite) of a story by adding the background details. The imperfect does not move the story line forward.

Pues a ver… salí de mi casa a las ocho y cuarto. (Yo) _____¹ (Llevar) mi abrigo

nuevo porque _____² (hacer) un frío tremendo. Primero fui al mercado para hacer

las compras. Gracias a Dios, no _____³ (haber) mucho tráfico. Allí compré fruta,

carne y pan. Luego, hablé un rato con doña Luisa porque _____⁴ (estar) de muy

buen humor. Después, pasé por la farmacia por unas aspirinas porque la cabeza me

_____⁵ (doler) muchísimo. Finalmente, regresé a casa a las nueve. Cuando entré en

el ascensor, vi a un hombre muerto y grité porque _____⁶ (estar) muy asustada y

casi no _____⁷ (poder) respirar.^a Cuando el portero don Ramón llegó, yo me

desmayé y él llamó a la policía. Eso es todo.

^a*breathe*

D. ¿Pretérito o imperfecto? Los gemelos, Javier y Jacobo   Complete la siguiente descripción de Javier y su hermano gemelo con la forma apropiada del pretérito o del imperfecto.

Cuando Javier _____¹ (ser) niño, siempre le _____² (gustar) charlar^a

con todo el mundo. Su hermano gemelo, en cambio, _____³ (tener) una personali-

dad más introvertida. Todos los jueves por la tarde los amigos de su padre _____⁴

^a*to chat*

(ir) a casa para jugar a las cartas. Un día, cuando los gemelos _____⁵ (tener) catorce años, su padre los _____⁶ (invitar) a jugar con sus amigos. Javier _____⁷ (estar) encantado pero Jacobo no _____⁸ (querer) jugar. Por fin Javier lo _____⁹ (convencer) de que jugara. El resultado no _____¹⁰ (ser) lo que Javier _____¹¹ (esperar). Su hermano _____¹² (ganar) y desde entonces Jacobo _____¹³ (empezar) a ser tan extrovertido como él. Y, en realidad, desde ese momento los dos _____¹⁴ (hacer) muchas más cosas juntos.

E. El presente perfecto: Lo que Laura ya ha hecho Llene los espacios en blanco con la forma apropiada del presente perfecto para explicar lo que Laura ya ha hecho.

Pista caliente Remember that the auxiliary verb **haber** changes according to person, number, tense, and mood, but the past participle does *not*. It is always masculine, singular when used with **haber** in the perfect tenses.

Son las ocho menos cuarto, pero Laura ya _____¹ (levantarse), _____² (vestirse), _____³ (hacer) ejercicio, _____⁴ (ducharse), _____⁵ (desayunar), _____⁶ (lavarse) los dientes y ahorita va a tomar el autobús para llegar a clase a las ocho y media.

HABLAR DE LOS GUSTOS

A. Los pronombres de complemento directo: La vida de los cinco amigos Conteste las siguientes preguntas, reemplazando el complemento directo (en letra cursiva) por el pronombre necesario y utilizando las indicaciones entre paréntesis.

1. ¿A qué hora cierra Javier *el café Ruta Maya*? (a la 1:00) _____
   _____

2. ¿Cuándo bailan *salsa* Javier y Laura? (todos los sábados por la noche) _____
   _____

3. ¿Cuándo llama Sara *a sus padres*? (cada domingo) _____
   _____

4. ¿Invitó Sergio *a Uds.* a la recepción para Mercedes Sosa? (no) _____
   _____

5. ¿Compró Diego *las cerámicas* cuando estuvo en el Perú? (sí) _____
   _____

B. Los pronombres de complemento directo e indirecto   Conteste las siguientes preguntas, utilizando su imaginación y reemplazando el complemento directo (en letra cursiva) y el complemento indirecto por los pronombres necesarios.

1. ¿Por qué les envió Javier *las flores* a Sara y Laura? _____

_____

2. ¿Por qué me dejaste *este disco* compacto de Santana? _____

_____

3. ¿Por qué le regaló Diego *esas entradas a un concierto* a Cristina para su cumpleaños? _____

_____

4. ¿Por qué les escribió Diego *ese correo electrónico* a Uds.? _____

_____

5. ¿Cuándo quieres que Javier te muestre *el café Ruta Maya*? _____

_____

C. Los verbos como *gustar*: A Laura le encanta bailar   Escriba el pronombre de complemento indirecto apropiado en cada espacio en blanco y subraye (*underline*) el verbo apropiado.

> **Pista caliente**   Remember the special relationship between the subject, verb, and indirect object when forming **gustar**-type constructions.
>
> A Javier **le** gust**a el café.**   A Javier **le** gust**an los refrescos.**   A Javier **le** gust**a nadar.**

Desde joven a Laura _____¹ (gustaba / gustaban) bailar y cantar. Es que a sus

padres _____² (encantaba / encantaban) el ballet y por eso siempre llevaban a

sus hijos a ver el ballet y también la danza moderna. A los cuatro años, Laura em-

pezó a tomar clases de ballet y continuó bailando hasta que tenía dieciocho años.

Pero cuando empezó a asistir a la universidad, no tenía suficiente tiempo para dedi-

carse al ballet. _____³ (importaba / importaban) más las fiestas y los estudios.

Al principio, a sus padres _____⁴ (molestó / molestaron) el hecho de que dejara

sus clases de ballet. Pero sabían que Laura no iba a perder su amor por el ballet y la

danza. De hecho,ᵃ ha aprendido a bailar salsa, merengue, cumbia y rumba.ᵇ

_____⁵ (gusta / gustan) bailar tanto que ha participado con Javier en competencias de baile la-

tino. Ahora, a los dos _____⁶ (fascina / fascinan) el tango —_____⁷ (encanta / encantan)

los pasosᶜ complicados que están aprendiendo. Aunque a Manuel, el novio ecuatoriano de Laura,

_____⁸ (molestaría / molestarían) saber que Laura pasa tanto tiempo bailando con Javier, a

Laura _____⁹ (da / dan) igualᵈ lo que piensa Manuel. Es que _____¹⁰ (encanta / encan-

ᵃDe... *As a matter of fact*   ᵇsalsa... *bailes latinoamericanos*   ᶜ*dance steps*   ᵈa Laura... *it's all the same to Laura*

tan) bailar y no puede esperar hasta que vuelva al Ecuador para bailar otra vez. A nosotros

_____[11] (gustaría / gustarían) ver a Laura y Javier bailar juntos el tango algún día.

HACER HIPOTESIS

A. Las formas del condicional   Conjugue los siguientes verbos en el condicional. ¡OJO! No todos los verbos son regulares en el condicional.

1. trabajar (yo)		6. decir (ella)	
2. escribir (Uds.)		7. saber (tú)	
3. viajar (nosotras)		8. poder (nosotros)	
4. jugar (tú)		9. tener (Ud.)	
5. ir (Ud.)		10. salir (yo)	

B. Las formas del pasado de subjuntivo   Conjugue los siguientes verbos en el pretérito y luego en el pasado de subjuntivo.

	pretérito	pasado de subjuntivo			
	ellos	yo	tú	nosotros	Uds.
1. viajar					
2. tener					
3. ser					
4. creer					
5. pedir					
6. dormir					

❖**C. Hacer hipótesis** Complete las siguientes oraciones con el condicional o el pasado de subjuntivo según el contexto.

> **Pista caliente** Remember that the past subjunctive is used in the **si** clause (the hypothetical situation) and the conditional in the main clause (the result or consequence of the hypothetical situation).

1. Si yo tuviera más tiempo libre, _____

   _____

2. Si hablara perfectamente bien el español, _____

   _____

3. Si fuera el presidente / la presidenta de los Estados Unidos, _____

   _____

4. Yo iría a México si _____

   _____

5. El mundo sería mejor si _____

   _____

6. Mi vida sería menos complicada si _____

   _____

D. Una situación ideal Complete esta descripción —de una situación hipotética en la que a Sara le encantaría estar— con la forma apropiada del condicional o del pasado de subjuntivo, según el contexto.

Cuando Sara termine la maestría, tiene que tomar algunas decisiones muy importantes. A los padres de Sara no les gusta que ella esté tan lejos de casa. Pero Sara tiene sus sueños. Si _____[1] (poder) conseguir un puesto en una universidad norteamericana, _____[2] (ganar) suficiente dinero para visitar a sus padres una o dos veces al año. Si la universidad _____[3] (tener) un programa en España de estudios en el extranjero, Sara _____[4] (tratar) de ser la profesora que _____[5] (acompañar) a los estudiantes allí. Si _____[6] (ser) la directora de un programa de verano en España, la universidad le _____[7] (pagar) su billete de avión y un sueldo también. De esta manera _____[8] (poder) ver a sus padres sin gastar tanto dinero. ¡Eso _____[9] (ser) ideal!

HABLAR DEL FUTURO

> **Pista caliente**   The few verbs that are irregular in the future are the same ones that are irregular in the conditional. In fact, they share the same irregular stems; only the endings are different.
>
> Conditional: **haría, vendrías, cabría, pondríamos, querríais, valdrían**
> Future: **haré, vendrás, cabrá, pondremos, querréis, valdrán**

A. Las formas del futuro   Conjugue los siguientes verbos en el futuro.

1. **estar (ellas)**		6. **decir (nosotros)**	
2. **servir (yo)**		7. **saber (él)**	
3. **ser (nosotros)**		8. **poder (tú)**	
4. **dar (él)**		9. **tener (yo)**	
5. **convencer (tú)**		10. **salir (ellos)**	

B. ¡Qué sobrina más difícil!   A Elenita, la sobrina de Sara, no le gusta hacer lo que le digan sus padres que haga. Siempre contesta que lo hará mañana. Reaccione a los pedidos y preguntas del padre de Elenita como si Ud. fuera ella. Utilice los pronombres de complemento directo e indirecto si es posible, como en el modelo.

MODELO: Elenita, llama a tus abuelos. →
                    Los llamaré mañana.

1.   Elenita, termina tu tarea. _____

2.   Elenita, ¿me puedes lavar el coche? _____

3.   Elenita, tráeme el periódico por favor. _____

4.   Elenita, limpia tu cuarto. _____

5.   Elenita, ¿podrías escribirle una carta a tu tía Sara? _____

C. La carrera de Sergio Complete la siguiente descripción de los planes de Sergio con la forma apropiada del futuro o del presente de subjuntivo.

En diciembre Sergio _____ ¹ (ir) a Los Angeles para trabajar con *Dr. Loco and His Rockin' Jalapeño Band.* Cuando Sergio _____ ² (llegar) a Los Angeles, _____ ³ (tener) una entrevista con el Dr. Loco, y después _____ ⁴ (asistir) a su concierto en la UCLA. Cuando _____ ⁵ (volver) a Austin, _____ ⁶ (empezar) los preparativos para el festival del Cinco de Mayo. Sergio _____ ⁷ (estar) muy ocupado hasta junio, fecha en que por fin _____ ⁸ (tomar) unas vacaciones.

Prueba diagnóstica: Para empezar

Paso 1 Escoja la(s) palabra(s) apropiada(s) según el contexto. (15 puntos)

1. El año pasado Diego _____ en Acapulco con su familia durante las Navidades.

    a. era   b. estuvo   c. estuvieron

2. El apartamento de Sara y Laura es más grande _____ el de Javier.

    a. de   b. como   c. que

3. Esta noche el concierto de Tish Hinojosa _____ en Liberty Lunch que _____ en la Calle 4.

    a. será/está   b. estará/está   c. estará/es

4. A Sara y a Laura _____ _____ los dulces.

    a. les gusta   b. les gustan   c. le gustan

5. Si Sergio _____ más dinero, pasaría más tiempo en Los Angeles.

    a. tenía   b. tendría   c. tuviera

6. Sara espera que su hermana Yolanda _____ a los Estados Unidos a visitarla.

    a. venga   b. vendrá   c. viene

7. Laura _____ la película *Como agua para chocolate* tres veces.

    a. vea   b. vio   c. veía

8. Javier no _____ tantas horas en Ruta Maya si recibiera más encargos de otros periódicos.

    a. trabajará   b. trabajaría   c. trabajara

9. A los clientes _____ encanta _____ de Ruta Maya.

    a. les / la música   b. le / los meseros   c. le / el ambiente

10. Cuando el hermano de Javier _____ a Austin, irá directamente a Ruta Maya.

    a. llegue   b. llega   c. llegará

11. «Tesoros», la tienda de Diego, tiene más _____ 25.000 artículos latinoamericanos.

    a. de   b. que   c. como

12. Es necesario que Sara _____ su tesis este semestre.

    a. termina   b. terminará   c. termine

13. Tan pronto como el grupo musical firme el contrato, Sergio _____ contentísimo.

    a. estará   b. estaría   c. esté

14. La familia de Javier _____ de Puerto Rico.

    a. son   b. está   c. es

15. Sara _____ a fumar cuando _____ catorce años.

    a. empezaba/tenía   b. empezó/tenía   c. empezó/tuvo

Paso 2 Llene los espacios en blanco con el artículo definido o la forma apropiada de la palabra indicada, según el contexto. (7 puntos)

1. A _____ gente le gustan _____ fotos de los instrumentos musicales andinos.

2. _____ canciones que tocan en Ruta Maya son _____ (ecléctico).

3. _____ mapa de _____ ciudad que queremos visitar es _____

   (pequeño).

Paso 3 Traduzca la siguiente oración al español. (3 puntos)

Cristina doesn't like that Diego has less than two hours a week to spend with her.

_____

_____

PARA EMPEZAR

PRACTICA ORAL

❖Trabalenguas (*Tongue twisters*)

Lea y escuche las siguientes oraciones. Va a oír las oraciones dos veces. Repita cada una después de oírla la segunda vez.

1. Temo que Tomás Tamiami, el que toca el tambor, no **tenga** talento.

2. Javier juega al ajedrez **mejor que** su hermano gemelo, Jacobo.

3. Cuando Carla pueda, **pedirá** un préstamo, **comprará** un coche y lo **pagará** a plazos.

4. Si los señores Suárez **visitaran** Sintra otra vez, **se quedarían** en el Hotel Sol y Sombra.

5. **A** Diana Domínguez **le disgusta** darles sus datos a los diplomáticos desconocidos.

María Metiche*

María Metiche es una mujer que va a Ruta Maya para tomar café casi todos los días. A ella le encanta hablar con Javier y le interesa muchísimo saber todo lo que está pasando en la vida de sus amigos. Escuche lo que sabe María Metiche de los cinco amigos. Luego, indique cuál de ellos se describe. (Las respuestas se dan en el CD.)

	SARA	JAVIER	LAURA	DIEGO	SERGIO
1.	☐	☐	☐	☐	☐
2.	☐	☐	☐	☐	☐
3.	☐	☐	☐	☐	☐
4.	☐	☐	☐	☐	☐
5.	☐	☐	☐	☐	☐.
6.	☐	☐	☐	☐	☐
7.	☐	☐	☐	☐	☐

***Metiche** es una palabra muy común en México que se usa para referirse a una persona que **se mete** (*gets involved*) en los asuntos de los demás sin ser invitada a hacerlo.

Puntos clave

Dictado   Escuche la siguiente serie de oraciones. Va a oír cada oración dos veces. Mientras Ud. escucha la segunda vez, escriba lo que oiga. Luego, identifique cuál de las metas comunicativas se representa en cada oración. Puede escuchar las oraciones más de una vez, si quiere.

Metas comunicativas: DESCRIBIR **D**   **C** COMPARAR   REACCIONAR **R** RECOMENDAR   PASADO **P**   GUSTOS **G**   HIPÓTESIS **H**   FUTURO **F**

1. _____
   _____

2. _____
   _____

3. _____
   _____

4. _____
   _____

5. _____
   _____

❖Para escuchar mejor: Más datos personales

ANTES DE ESCUCHAR

Anticipar la información   Ud. va a oír más información sobre la vida de Sara y Diego. Antes de escuchar, piense en lo que ya sabe de estos dos amigos. ¿Cómo piensa que es la familia de cada uno? ¿Cómo es la ciudad donde vivía cada uno antes de mudarse a los Estados Unidos? Apunte dos o tres ideas sobre cada amigo.

Sara

_____

_____

_____

Diego

_____

_____

_____

¡A ESCUCHAR!

A. ¡Apúntelo!

Paso 1   Ahora, escuche la narración de Sara. Mientras escucha, tome apuntes en otro papel o a computadora, organizando sus apuntes según las siguientes categorías.

1. de dónde es Sara
2. cómo es su familia
3. cómo es la ciudad donde vivía
4. otros apuntes

Paso 2 Ahora, escuche la narración de Diego. Mientras escucha, tome apuntes en otro papel o a computadora, organizando sus apuntes según las siguientes categorías.

1. de dónde es Diego
2. cómo es su familia
3. cómo es la ciudad donde vivía
4. otros apuntes

B. En resumen Ahora en otro papel o a computadora, haga un breve resumen de la información de Sara y otro de la información de Diego, basándose en lo que Ud. escuchó y en sus apuntes.

CAPITULO 1

PRACTICA ESCRITA

Vocabulario del tema

A. Lo contrario   Escriba la letra del adjetivo de la Columna B que corresponda al adjetivo opuesto de la Columna A.

COLUMNA A

1. _____ rizado/a

2. _____ grosero/a

3. _____ tacaño/a

4. _____ testarudo/a

5. _____ deprimente

6. _____ presumido/a

7. _____ cursi

8. _____ bruto/a

9. _____ atrevido/a

10. _____ emocionante

COLUMNA B

a.   chistoso/a
b.   elegante
c.   liso/a
d.   aburrido/a
e.   tímido/a
f.   generoso/a
g.   bien educado/a
h.   modesto/a
i.   flexible
j.   listo/a

Escribe una frase usando el vocabulario

B. El tío de Laura   Laura aprendió a amar la cultura hispana gracias a su tío Frank, quien viajó a España a los 18 años, se enamoró de una española y se casó con ella. El tío Frank es todo un personaje. Lea la descripción que hace Laura de su tío y llene cada espacio en blanco con la(s) palabra(s) apropiada(s) según el contexto.

Mi tío Frank es muy buena gente. Es una persona _____[1] (encantador/grosero)

que _____[2] (caerle bien/llevarse bien) con todo el mundo porque es muy

amable y, aunque es un hombre muy culto y rico, no es nada _____[3]

In the interactive *CD-ROM to accompany Punto y aparte,* you will find additional practice with the vocabulary, grammar, and culture in this chapter.

(educado/presumido); tiene amigos de todas partes, profesiones y clases sociales. Su único

problema es que es algo _____⁴ (despistado/tacaño); siempre se olvida de

hacer las cosas. Por ejemplo, mi tío Frank tiene muchas _____⁵ (tatuajes/

cicatrices) en las manos porque siempre se corta con el cuchillo cuando cocina. Y nunca

_____⁶ ir a la moda / estar de moda) porque no le importa la ropa para nada;

lleva los mismos pantalones y las mismas camisas que se compró hace veinte años. Pero lo más im-

portante es que, aunque tiene una apariencia un poco _____⁷ (atrevido/raro),

mi tío Frank me _____⁸ (caer bien/llevar bien) y es mi tío favorito.

C. Combinación de oraciones cortas Combine las dos oraciones con un pronombre relativo. **¡OJO!**
Vea la explicación de los pronombres relativos en las páginas verdes del libro de texto (Referencia de
gramática, Sección D).

MODELO: Ramón tiene tres tatuajes en el brazo. Son muy feos. →
Los tres tatuajes que Ramón tiene en el brazo son muy feos.

1. Las patillas están de moda. Mi hermano lleva patillas.

   _____

2. Raúl tiene un tío rico. El tío es muy tacaño.

   _____

3. Marta tiene un lunar al lado de la boca. El lunar es como el de Cindy Crawford.

   _____

4. Este profesor es el más presumido que he tenido. El profesor se llama Pablo Pérez.

   _____

5. Los turistas son encantadores. Los turistas vienen de Salamanca.

   _____

6. Lola le mira los brazos a Felipe. Los brazos están llenos de tatuajes.

   _____

7. El niño es grosero. El niño está detrás del edificio.

   _____

8. Plácido Domingo canta una canción deprimente. La canción trata de un amor perdido.

   _____

9. Los aretes cuestan mucho dinero. Los aretes están decorados con diamantes.

   _____

10. La mujer del pelo liso es la dueña de Ruta Maya. La mujer está sentada en la mesa.

    _____

❖**D. Mis nuevos amigos**

Paso 1 Imagínese que Ud. está conversando con un compañero / una compañera sobre los nuevos amigos que acaba de conocer. Haga una descripción de los cinco amigos. Incluya tanto sus características físicas como personales, y use el vocabulario que Ud. aprendió en este capítulo.

1. Javier _____

_____

_____

_____

2. Sergio _____

_____

_____

_____

3. Sara _____

_____

_____

_____

4. Laura _____

_____

_____

_____

5. Diego _____

_____

_____

_____

Paso 2 Ahora, escriba comparaciones entre los cinco, usando el vocabulario nuevo del capítulo y las indicaciones que están a continuación.

1. Laura / Diego _____

_____

_____

_____

2. Sara / Javier / Laura _____

_____

_____

_____

3. Diego / Sara / Sergio _____

_____

_____

_____

4. Sergio / Javier _____

_____

_____

_____

E. Exprésalo Complete las siguientes oraciones con expresiones de la lista. Use el presente de indicativo de los verbos.

hablar por los codos   ser buena/mala gente   tener mucha cara
no tener pelos en la lengua   tener buena/mala pinta

1. Las facturas (*bills*) de teléfono de Javier son altísimas porque llama mucho a Puerto Rico y

_____

2. César, un amigo de Sergio, siempre invita a Sergio a comer, pero después dice que «se le

olvida» la billetera (*wallet*). Sergio cree que su amigo _____

3. Ignacio, un amigo de Diego, tiene muchos tatuajes y aretes por todo el cuerpo. La madre de

Diego piensa que Ignacio _____

4. Después de las vacaciones, Sara le dijo a Laura que esta parecía más gorda. Laura estaba

ofendida aunque sabe que Sara _____

5. La jefa de Javier parece ser muy despistada y exigente pero Javier le tiene mucho respeto

porque sabe que en el fondo _____

Puntos clave

Pista caliente If you find you are having difficulty with a particular grammar point, review the appropriate grammar explanation(s) found in the green pages near the back of the main text.

PRACTICA DE FORMAS VERBALES

A. Práctica de conjugación Complete la siguiente tabla con las conjugaciones apropiadas de los verbos indicados.

	presente de indicativo	pretérito/ imperfecto	presente perfecto	futuro/ condicional	presente de subjuntivo	pasado de subjuntivo
1. caer (yo)						
2. estar (nosotros)						
3. llevarse (tú)						
4. parecer (ella)						
5. meter (ellos)						
6. tomar (Ud.)						

B. Traducciones Traduzca las siguientes oraciones. Recuerde utilizar los pronombres de complemento directo e indirecto siempre que sea posible.

MODELOS: Get up (**tú**). → Levántate.
Don't get up (**tú**). → No te levantes.
I'm writing to her. → Le estoy escribiendo. / Estoy escribiéndole.
We want to send it (**el paquete**) to you (**Ud.**). →
Se lo queremos enviar. / Queremos enviárselo.
She had already left when I arrived. → Ella ya se había ido cuando llegué.

1. She rejects them (*m*). _____

2. She is rejecting them. _____

3. She rejected them. _____

4. She used to reject them. _____

5. She has rejected them. _____

6. He kept trying (**Siguió tratando**) to sell her the books, even though she had already rejected

them. _____

_____

7. She will reject them. _____

8. She would reject them. _____

9. I want her to reject them. _____

10. I wanted her to reject them. _____

11. Reject them (**tú**). _____

12. Don't reject them. (**Uds.**). _____

13. Let's reject them. _____

LOS PUNTOS CLAVE PRINCIPALES: DESCRIPCION Y COMPARACION

Descripción

A. La última noche en Madrid Durante una visita a España con su amiga Sara, Laura le escribe una tarjeta postal a su mejor amiga del Ecuador. Complete su tarjeta con la forma apropiada de **ser** o **estar**.

Querida Isabel:

Aquí _____[1] (yo) en un hotel en Madrid. _____[2] las 11:00 de la

noche y _____[3] cansada. Madrid no _____[4] como Salamanca, pero

las dos ciudades _____[5] muy bonitas. Ayer conocí a Héctor, el hermano de Sara, que

vive aquí en la capital. El _____[6] músico y tiene un taller[a] de guitarras que

_____[7] en el centro de la ciudad. La música _____[8] muy importante

en España así que yo _____[9] contenta porque a mí me encanta escuchar ritmos

diferentes. Mañana salgo de regreso para los Estados Unidos; mi reservación de avión

_____[10] para las 7:00 de la mañana. _____[11] muy nerviosa, pues no

me queda mucho tiempo y todavía no he hecho las maletas...

Va a _____[12] difícil regresar a la universidad. Bueno, sé que (tú)

_____[13] muy ocupada con tus estudios también, pero así _____[14] la

vida de todos los estudiantes... Cuídate mucho.

Abrazos,

Laura

[a]*workshop*

B. Noticias culturales Cada jueves Sara se dedica a promocionar en la radio las actividades culturales hispanas que se realizan en la universidad. Complete la siguiente promoción con la forma apropiada de **ser** o **estar**.

Buenas tardes, amigos. Este fin de semana tenemos dos funciones[a] impresionantes que demuestran

la gran variedad y riqueza de la cultura española. Llegan a esta universidad el famoso Paco de

Lucía y el renombrado grupo de baile de José Greco. Sí, parece increíble pero _____[1] cierto. El

concierto de Paco de Lucía _____[2] el próximo viernes, a las 7:00 de la noche y _____[3] en

[a]*performances*

el Teatro Principal de la escuela de música. Para los que no lo sepan, Paco de Lucía _____⁴ el mejor guitarrista de flamenco del mundo, en mi modesta opinión. _____⁵ originario de España, pero ahora vive en Nueva York, porque _____⁶ realizando una gira^b por los Estados Unidos. Nosotros _____⁷ muy afortunados de tenerlo aquí.

La presentación del grupo de baile de José Greco _____⁸ en el salón de ballet Pavlova, en la Escuela de Bellas Artes. _____⁹ el sábado, a las 8:00 de la noche. El grupo _____¹⁰ dirigido por José Greco, el famoso bailarín de música folclórica española. El dice que _____¹¹ de Grecia, pero los españoles dicen que, por el espíritu con que baila, tiene que _____¹² de España. Va a _____¹³ una presentación increíble y sugiero que no se la pierdan. Yo, desde luego,^c pienso _____¹⁴ allí.

^b*tour*   ^c*desde... of course*

C. Las indicaciones de Javier   Javier le explica a un nuevo empleado de Ruta Maya qué debe hacer cuando cierra el café a las dos de la mañana. Llene los espacios en blanco con la forma apropiada del participio pasado.

1. Debe estar seguro de que todos los aparatos eléctricos están _____ (apagar).

2. Las sillas deben estar _____ (poner) encima de las mesas.

3. Debe tener el dinero _____ (guardar) en la caja fuerte.^a

4. Las puertas y las ventanas deben estar _____ (cerrar) con llave.

5. Todos los recibos^b deben estar _____ (organizar).

^a*caja... safe*   ^b*receipts*

D. Descripciones de personas o de situaciones   Llene el primer espacio en blanco con la forma apropiada de **ser** o **estar**. En el segundo espacio, dé la forma apropiada del participio pasado o del adjetivo **–ante/ente** según el contexto.

1. Sara no _____ _____ (relajado/relajante) porque tiene muchos exámenes esta semana.

2. Las Islas Galápagos _____ _____ (fascinado/fascinante) para Laura.

3. Pasar las vacaciones en Cancún _____ muy _____ (relajado/relajante).

4. Diego _____ _____ (preocupado/preocupante) porque Cristina no lo llamó anoche.

5. Perder un documento _____ muy _____ (frustrado/frustrante).

6. Los amigos _____ _____ (emocionado/emocionante) porque van al campo el sábado.

7. [*impersonal*] _____ _____ (deprimido/deprimente) que haya tantos problemas en el mundo actual.

8. Laura _____ _____ (deprimido/deprimente) porque Manuel no puede visitarla.

9. La cantidad de café que consumen los clientes _____ _____ (sorprendido/sorprendente).

10. Javier _____ _____ (frustrado/frustrante) porque no tiene suficiente tiempo libre para escribir el artículo para el periódico.

❖E. **Un personaje fascinante**

Paso 1 Lea la descripción del papel televisivo que representa a Ana, una amiga de Javier.

Ana Mari Quesada es cubana y llegó recientemente a los Estados Unidos. Ella es una amiga de Javier que trabaja en el mundo televisivo. Aparece de vez en cuando en una telenovela venezolana. Su papel actual es el de una escritora muy inteligente pero súper despistada y algo presumida. Tiene 55 años pero se viste como una joven de veinte; va muy a la moda, tiene el pelo teñido de un rojo intenso y cinco aretes en cada oreja, habla por los codos y fuma como una chimenea. Javier dice que, en realidad, Ana Mari es una mujer bastante conservadora.

Paso 2 Ahora en otro papel o a computadora, escriba un párrafo de 50 a 75 palabras que describa a una persona interesante que Ud. conozca. Incluya características físicas y personales en su descripción.

Comparación

❖**A. Personas distintas** Haga comparaciones entre las cinco personas que se ven a continuación. Puede utilizar las siguientes palabras en sus comparaciones.

ADJETIVOS	SUSTANTIVOS	VERBOS
bruto/a	ambición	bailar salsa
conservador(a)	amigos	beber café
culto/a	dinero	estudiar
egoísta	problemas	fumar
presumido/a	tatuajes	ir de compras

Marcos

Pedro

Manolo

Flor

Bárbara

1. Flor / Bárbara _____

   _____

2. Marcos / Manolo _____

   _____

3. Flor / Manolo _____

   _____

4. Marcos / Bárbara _____

   _____

5. Pedro / Bárbara _____

   _____

6. Pedro / Marcos _____

   _____

7. Flor / Bárbara / Manolo _____

   _____

❖**B. El/La más impresionante de todos**   ¿Qué sabe Ud. de los siguientes lugares, cosas o personas? Escriba dos comparaciones en las que Ud. exprese su opinión sobre los elementos de cada grupo.

    MODELO: (grande) Sevilla / Madrid / Salamanca →
                Sevilla es más grande que Salamanca. Madrid es la ciudad más grande de las tres.

1. (alucinante) pintura de Picasso / pintura de Dalí / pintura de Andy Warhol

   _____

   _____

2. (talentoso) Enrique Iglesias / Antonio Banderas / Ricky Martin

   _____

   _____

3. (emocionante) el día del *Super Bowl* / el Cuatro de Julio / el Año Nuevo

   _____

   _____

4. (testarudo) Javier / Laura / Sara

   _____

   _____

C. Entre las tres   Escriba una comparación superlativa entre dos de las personas o cosas indicadas a continuación.

1. Javier tiene quince primos, Sara tiene veintitrés y Diego tiene 35. La familia de Diego es

_____

2. La madre de Javier tiene 57 años, la de Laura tiene 54 y la de Sergio tiene 50. La madre de Sergio es _____

3. Javier corrió la carrera en 30 minutos, Sergio en 35 y Diego en 42. El tiempo de Javier es

_____

4. En Ruta Maya venden muchos productos populares: 200 tazas de café cada día, 50 empanadas y 100 licuados. El café es _____

❖**D. Los chicos de nuestra pandilla**   Una amiga soltera quiere salir con uno de sus nuevos amigos. Quiere saber cuál de los tres le gustaría más. Para ayudarla, haga seis comparaciones entre los tres chicos a continuación.

MODELO: Sergio pesa menos que Javier pero más que Diego.

	Javier	Sergio	Diego
altura	6′	6′	5′ 10″
peso	200 libras	180 libras	170 libras
edad	28	29	32
profesión	mesero/periodista	productor	importador
carácter	alegre	liberal	serio

1. _____

2. _____

3. _____

4. _____

5. _____

6. _____

E. Dos culturas diferentes   Lea la siguiente carta de Nicolás, un amigo de Sara, en la que le cuenta a su madre cómo es su vida de estudiante en los Estados Unidos. Luego, complete las comparaciones a continuación, según la carta.

Querida mamá:

¡Hola! ¿Cómo estás? Yo estoy bien por aquí pero os echo de menos a todos. Mis estudios van muy bien, aunque son muy duros y casi no tengo tiempo para divertirme. Sólo salgo un ratito los viernes o los sábados por la noche. Aquí no es como en España. Los bares y las discotecas cierran muy temprano. No puedo quedarme bailando hasta las 5:00 de la mañana como en Salamanca. Y claro, echo de menos el tiempo que puedo pasar con la familia cuando estoy ahí.[a] Aquí sólo tengo a mis amigos y ellos siempre están tan ocupados como yo. Por ejemplo, casi nunca como con mi compañero de cuarto y si cenamos juntos, él prefiere ver la televisión en vez de hablar conmigo.

Hablando de comida, cuánto me gustaría comer un buen cocido madrileño. Aquí hay buena comida, pero no hay comparación. No te preocupes, lo que dicen por ahí de la comida estadounidense no es verdad. No comen sólo hamburguesas; hay mucha comida saludable aquí también. Y otra cosa interesante es que a los estudiantes les encanta hacer ejercicio, no como a mis amigos de Salamanca, que prefieren tomar un café y charlar. De hecho, yo no he engordado ni un kilo desde que llegué. Bueno, mamá, te mando un abrazo fuerte y saludos a toda la familia.

Besotes[b] de Nicolás

[a]allí   [b]*Big kisses*

1.   En los Estados Unidos, los bares y las discotecas cierran _____

     _____ (temprano) en Salamanca.

2.   En los Estados Unidos, Nicolás se siente _____ (solo) en

     España.

3.   A Nicolás le gusta la comida española _____ la comida

     estadounidense.

4.   A Nicolás la comida estadounidense le parece _____

     (saludable) la española.

5.   Ahora, Nicolás está _____ (delgado) cuando llegó a los Esta-

     dos Unidos.

6.   El compañero de cuarto de Nicolás es _____ (hablador) él.

LOS OTROS PUNTOS CLAVE

REACCIONAR
R
RECOMENDAR

❖**A. Reacciones y recomendaciones** Lea los siguientes datos sobre la capital de España. Luego, reaccione y hágales recomendaciones a los turistas que piensen visitar Madrid algún día.

- En cuanto al número de taxis que tiene, Madrid es la ciudad número dos del mundo después del Cairo. Madrid tiene 15.500 taxis oficiales.
- Hay más de 17.000 bares en Madrid. Entre ellos hay bares antiguos, cafés elegantes y *pubs* irlandeses.
- Los madrileños comen más tarde que cualquier otra gente en Europa. Almuerzan a las 2:30 de la tarde y es normal entrar a un restaurante para cenar a las 10:00 de la noche.
- Madrid tiene tres de los mejores museos de arte del mundo: el Museo del Prado, el Museo Centro de Arte Reina Sofía y el Museo Thyssen-Bornemisza.
- Después de Guayaquil, Ecuador, Madrid es la ciudad más verde del mundo. Hay más de 200.000 árboles en sus calles y plazas y más de medio millón de árboles en sus parques.

---

1. Es increíble que _____

2. Sugiero que los amantes del arte _____

3. Es impresionante que _____

4. Me parece excesivo que _____

5. Es obvio que _____

6. Recomiendo que los turistas _____

PASADO
P

❖**B. Narración en el pasado**

Paso 1 Mire los siguientes dibujos que muestran lo que le pasó a Laura cuando Sara la invitó a la fiesta de La Tomatina en Buñol, España. Apunte los verbos que forman «la columna» de la historia (las acciones en el pretérito que avanzan la historia) y los que describen «la carne» (los detalles al fondo en el imperfecto que describen las emociones y los estados del momento pero que no avanzan la historia).

1.  2.  3.   4.

COLUMNA   CARNE

_____   _____

_____   _____

_____   _____

_____   _____

Paso 2 Con los verbos que apuntó en el Paso 1, escriba en otro papel o a computadora una narración de lo que pasó.

C. Hablar de los gustos   Escriba oraciones completas según las indicaciones.

1. María / encantar / el tatuaje de su novio _____

_____

2. los estudiantes / fastidiar / los profesores despistados _____

_____

3. la gente famosa / gustar / las arrugas _____

_____

4. muchas personas / interesar / los libros sobre los ricos y famosos _____

_____

5. su madre / preocupar / la actitud negativa de su hija _____

_____

❖**D. Hablar del futuro**   Escriba tres oraciones para explicar qué cosas cambiará Héctor de su aspecto antes de su entrevista con Intel. Use el futuro en sus oraciones.

MODELO: Héctor se cortará el pelo.

1. _____

2. _____

3. _____

❖**E. Hacer hipótesis**   Complete las siguientes oraciones para explicar lo que haría Ud. en cada situación.

1. Si mi hijo se hiciera muchos tatuajes en el cuerpo, (yo) _____

_____

2. Si fuera calvo/a, _____

3. Si viera a una persona con mala pinta en la calle por la noche, _____

y _____

4. Si no me llevara bien con mi compañero/a de cuarto, _____

_____ porque _____

5. Si alguien me invitara a ver una película deprimente, _____

F. Traducción   Traduzca las siguientes oraciones al español.

1. It's good that Sara works at the radio station since she likes talking to people.

_____

_____

2. When Diego was young he was stingy, but now he spends more than $2,000 a year buying clothes.

_____

_____

❖LOS PUNTOS CLAVE EN CONTEXTO

El contexto   Pilar, la prima de Sara, llega hoy para visitarla. Pilar es la que dijo que una estancia en los Estados Unidos cambiaría a Sara. Sara decide hacerle una broma a su prima para asustarla. Se cambia el color del pelo, se pone algunos pendientes, se pinta (sólo se pinta) unos tatuajes y va al aeropuerto a recoger a Pilar.

Paso 1   Escriba dos o tres oraciones para cada una de las siguientes situaciones.

**DESCRIBIR
D**

1. Describa a la nueva Sara que Pilar encuentra en el aeropuerto. Después describa la reacción de Pilar.

_____

_____

_____

_____

**C
COMPARAR**

2. Compare a la nueva Sara con la Sara que Pilar conocía. Su apariencia física es diferente pero su personalidad es igual.

_____

_____

_____

_____

**REACCIONAR
R
RECOMENDAR**

3. ¿Qué dice Pilar al ver a Sara?

_____

_____

_____

_____

**PASADO
P**

4. Explique lo que hicieron Sara y Laura anoche para preparar la broma.

_____

_____

_____

_____

**GUSTOS
G**

5. Explique lo que le molesta a Pilar de la apariencia de su prima.

_____

_____

_____

_____

6. Si un compañero/a de su escuela secundaria viniera a visitarlo/la, y Ud. quisiera sorprenderlo/la con su nueva rebeldía o locura o madurez, ¿qué haría?

_____

_____

_____

_____

7. ¿Cuándo piensa Ud. que Sara le dirá a Pilar que sólo es una broma? ¿Qué hará Pilar?

_____

_____

_____

_____

Paso 2   Combine la información del Paso 1 para escribir en otro papel o a computadora una composición coherente sobre lo que pasó cuando Sara y Pili se encontraron. Su composición debe tener un comienzo, desarrollo y final lógicos y debe usar conectores.

❖Rincón cultural

¿QUE SIGNIFICA PARA MI SER ESPAÑOLA?

Paso 1: Habla Sara   Lea la siguiente explicación de qué significa para Sara ser española.

«Los españoles son muy abiertos, muy simpáticos, siempre están de fiesta, duermen la siesta todos los días, hablan muy alto, beben mucho y trabajan poco». Estos son algunos de los tópicos que he oído en otros países acerca de los españoles, pero cualquier español diría que son falsos, o en todo caso, diría que las características generales de los españoles varían de una región a otra. También en España se recurre a los tópicos para definir a la gente: Los andaluces son graciosos; los vascos, rudos; los gallegos, introvertidos; los castellanos, serios; los catalanes, tacaños, etcétera.

Para mí, ser española significa que he nacido en España, no que mi carácter responda a esos tópicos. Me gustan las fiestas y me encanta dormir, pero no me gusta el alcohol ni estar de brazos cruzados; puedo ser muy cerrada en determinadas ocasiones o parecer poco amable en otras, pero no soy vasca ni gallega; soy seria, pero también me encanta bromear. Poseer esas características no me convierte en española; me gustan las positivas y me molestan las negativas, como a todos los españoles, como a todo el mundo.

Cuando alguien me pregunta cuál es mi nacionalidad digo que soy mitad española y mitad portuguesa; nací en España, pero Portugal siempre ha formado parte de mi vida. No me siento menos española al decir algo así, ni más portuguesa tampoco. En realidad, me siento salmantina.[1] Soy de un pueblecito que está al lado de la frontera y que me gusta tanto como Salamanca, aunque por diferentes razones. Me identifico con el carácter abierto y hospitalario de la gente de mi pueblo; como ellos, trabajo cuando es necesario, pero sé divertirme cuando llega la ocasión; me desespero con[2] los problemas pequeños pero puedo soportar[3] las «tragedias» de la vida. La verdad es que soy una salmantina lusoespañola,[4] no cabe duda.

[1] de Salamanca   [2] me... *I'm driven to despair by*   [3] *put up with*   [4] *Portuguese-Spanish*

Paso 2   Ahora en otro papel o a computadora, conteste las preguntas o siga las indicaciones a continuación.

1. ¿Qué características de Sara coinciden con las de la gente del norte de España, según los estereotipos?

2. ¿Cuál es la mezcla cultural de que habla Sara en la última frase? ¿Qué quiere decir eso?
3. En general, ¿cómo se describe Sara a sí misma?
4. ¿Cree Ud. que Sara es una persona patriótica? ¿Por qué?
5. Describa al norteamericano «típico» según su punto de vista particular.
6. Describa algunos estereotipos del norteamericano típico de su región.
7. ¿Tiene Ud. algunas características típicas de la gente de la región donde nació?
8. Escriba dos reacciones a lo que dice Sara sobre lo que significa para ella ser española.
9. Si pudiera hacerle dos preguntas a Sara sobre España y su cultura, ¿qué le preguntaría?

❖Portafolio de lecturas

En el apéndice de este *Manual*, Ud. va a encontrar un formulario que puede fotocopiar (o reproducir en computadora) y usar para crear su Portafolio de lecturas durante este semestre. Antes de seguir, escoja un país hispano que Ud. quiere investigar este semestre. Para cada capítulo Ud. va a buscar y leer un artículo sobre el país que escogió. Luego, va a completar el formulario con información bibliográfica, un resumen del artículo, tres palabras nuevas y dos reacciones sobre el contenido del artículo. Al final, Ud. va a evaluar el artículo: desde diez puntos si le gustó mucho hasta cero puntos si no le gustó en absoluto.

País escogido: _____

Temas posibles: la política, las artes, el cine, la televisión, las ciencias, la medicina, las computadoras, la belleza, los viajes, la cocina, los deportes, la ecología, ¿ ?

Aquí hay una lista de revistas y periódicos extranjeros que puede encontrar a través del Internet o en las bibliotecas de su universidad.

Revistas

- *Somos; Noticias; Cambio 16; Caretas* (más o menos como *Newsweek*)
- *Time* y *Newsweek* en español
- *Paula; Vanidades* (como *Cosmopolitan*)
- *Miami mensual* (bilingüe)
- *Cromos* (semejante a *Time*)
- *Hola; Gente; People en español* (revistas sobre la vida de personajes ricos y famosos)
- *Américas* (cultura contemporánea, nivel lingüístico más avanzado)
- *Quo* (temas contemporáneos de interés)
- *Muy interesante; GeoMundo* (semejantes a *National Geographic*)

Periódicos

- ABC (España), www.abc.es
- El Clarín (Argentina), www.clarin.com.ar
- El Comercio (El Ecuador), www.elcomercio.com
- El Comercio (El Perú), www.elcomercioperu.com.pe/Online
- El Nuevo Día (Puerto Rico), www.endi.com
- El País (España), www.elpais.es
- El Tiempo (Colombia), eltiempo.terra.com.co
- La Jornada (México), www.jornada.unam.mx/index.html

 Pista caliente Consulte el *Online Learning Center Website to accompany Punto y aparte* para vínculos a más revistas y periódicos hispanos. (www.mhhe.com/puntoyaparte)

Busque y lea un artículo sobre el país que escogió. Luego, complete un formulario como el que está en el apéndice sobre el artículo.

❖¡A escribir!

Una reseña   Mire una película que trate de una persona o de un personaje del mundo hispano. Luego en otro papel o a computadora, escriba una reseña de esa obra que incluya por lo menos tres de las siguientes metas comunicativas.

1. Describa a un personaje interesante de la película.

2. Compare a dos o más personajes de la película.

3. ¿Qué le recomienda Ud. a una persona que quiere ver la película?

4. ¿Qué pasó en una escena clave?

5. ¿Qué le gustó y qué le molestó de la película o de algún personaje?

6. Si Ud. fuera el director / la directora, ¿qué cambiaría de la película?

7. ¿Cómo se recibirá esa película en su comunidad? ¿Cuáles son las partes que les gustarán y cuáles son las partes que les molestarán a las personas de su comunidad?

Debe usar los conectores apropiados para darle la coherencia necesaria al artículo. A continuación se sugieren algunas películas:

Abre los ojos	*El abuelo*	*Surviving Picasso*
Carmen	*Goya en Burdeos*	*The Mask of Zorro*
Dalí	*La lengua de las mariposas*	*Todo sobre mi madre*

CAPITULO 1

PRACTICA ORAL

❖Trabalenguas

Lea y escuche las siguientes oraciones. Va a oír las oraciones dos veces. Repita cada una después de oírla la segunda vez.

1. Diana Dorada es **más divertida** y **menos despistada que** su hermano Donaldo.

2. Sebastián Salgado siempre sugiere que los estudiantes más sobresalientes **se sienten** en las sillas de atrás.

3. Pablo Prieto y Paula Palenque **pasaron** parte del semestre en Puerto Rico con el profesor Paco Prados Palacios.

4. **A** Gustavo no **le gustan** los gatos glotones de Gloria.

5. Si **fuera** Federico, **formaría** una federación para fortalecer las fuerzas armadas.

María Metiche

Escuche lo que dice María de lo que oyó ayer mientras tomaba café. Luego, escriba por lo menos cuatro oraciones para explicar cómo se conocieron los cinco amigos. María va a usar el pretérito para marcar el avance de la acción y el imperfecto para hacer descripciones de fondo.

_____

_____

_____

_____

_____

_____

_____

Vocabulario del tema

¿Cómo respondería Ud.? Escuche cada oración y escriba la letra de la respuesta más apropiada en el espacio en blanco correspondiente. (Las respuestas se dan en el CD.)

1. _____
   a. Tiene buena pinta.
   b. Tiene mucha cara.
   c. Es buena gente.

2. _____
   a. ¡Qué pesado es!
   b. No tiene pelos en la lengua.
   c. Me llevo bien con él.

3. _____
   a. ¡Qué tacaño!
   b. ¡Qué cara tiene!
   c. Por eso.

4. _____
   a. No, me cae muy mal.
   b. Sí, lleva patillas.
   c. Sí, me molesta mucho.

5. _____
   a. Canta muy bien.
   b. Es muy tímido.
   c. Habla por los codos.

Puntos clave

A. Sergio y Sara Escuche cada oración sobre las primeras impresiones que Sergio y Sara le causaron a María Metiche. Luego, escriba el nombre de la persona descrita (Sergio o Sara) e indique si Ud. está de acuerdo (Sí) o no (No) con la descripción.

	SI	NO
1. _____	☐	☐
2. _____	☐	☐
3. _____	☐	☐
4. _____	☐	☐
5. _____	☐	☐

B. Dictado Escuche la siguiente serie de oraciones. Va a oír cada oración dos veces. Mientras Ud. escucha la segunda vez, escriba lo que oiga. Luego, identifique cuál de las metas comunicativas se representa en cada oración. Puede escuchar las oraciones más de una vez, si quiere.

Metas comunicativas: DESCRIBIR D C COMPARAR REACCIONAR R RECOMENDAR PASADO P GUSTOS G HIPÓTESIS H FUTURO F

1. _____

   _____

2. _____

   _____

3. _____

   _____

4. _____

   _____

5. _____

   _____

Para escuchar mejor: Los gitanos (*gypsies*) de España

ANTES DE ESCUCHAR

❖**A. Anticipar la información** Ud. va a escuchar parte de una conferencia sobre los gitanos en España. Antes de escuchar, piense en todo lo que Ud. sepa o haya oído sobre los gitanos e indique si está de acuerdo (Sí) o no (No) con las siguientes afirmaciones.

		SI	NO
1.	Ya no existen gitanos en el mundo moderno.	☐	☐
2.	Casi todos los gitanos modernos, como los gitanos de antes, son nómadas.	☐	☐
3.	La mayoría de los gitanos vive en las ciudades.	☐	☐
4.	Hay muchos prejuicios en contra de los gitanos.	☐	☐
5.	En su mayoría, los gitanos son pobres y no tienen educación formal.	☐	☐
6.	Los gitanos de España hablan sólo español.	☐	☐
7.	La música de los gitanos es la base del flamenco.	☐	☐

B. Vocabulario en contexto Escuche las siguientes tres oraciones tomadas de la conferencia. Después de oír cada una dos veces, escriba el número que oiga en la oración.

1. _____ 2. _____ 3. _____

¡A ESCUCHAR!

A. Comprensión Ahora, escuche la conferencia sobre los gitanos. Luego, indique si las siguientes oraciones son ciertas (C) o falsas (F), según lo que Ud. oyó en la conferencia.

		C	F
1.	Ya no existen gitanos en el mundo moderno.	☐	☐
2.	Casi todos los gitanos modernos, como los gitanos de antes, son nómadas.	☐	☐
3.	La mayoría de los gitanos vive en las ciudades.	☐	☐
4.	Hay muchos prejuicios en contra de los gitanos.	☐	☐
5.	En su mayoría, los gitanos son pobres y no tienen educación formal.	☐	☐
6.	Los gitanos de España hablan sólo español.	☐	☐
7.	La música de los gitanos es la base del flamenco.	☐	☐

❖**B. ¡Apúntelo!** Ahora, vuelva a escuchar la conferencia. Tome apuntes en otro papel o a computadora, organizando sus apuntes según las siguientes categorías.

1. cuándo llegaron
2. dónde viven
3. tipos de prejuicios que sufren
4. aspectos característicos de su cultura
5. contribución a la cultura española
6. otros apuntes

❖**C. En resumen** Ahora en otro papel o a computadora, haga un breve resumen del contenido de la conferencia, basándose en lo que Ud. escuchó y en sus apuntes.

CAPITULO 2

PRACTICA ESCRITA

▽ ▽ ▽ ▽ ▽ ▽ ▽ ▽ ▽ ▽ ▽ ▽ ▽ ▽ ▽ ▽ ▽ ▽ ▽ ▽

Vocabulario del tema

A. Lo contrario Escriba la letra de cada palabra de la Columna B que corresponda a la palabra opuesta de la Columna A.

COLUMNA A

1. _____ apoyar

2. _____ inquierto/a

3. _____ alabar

4. _____ rebelde

5. _____ mudarse

6. _____ pésimo/a

7. _____ antepasados

8. _____ orgulloso/a

9. _____ travieso/a

10. _____ disfuncional

COLUMNA B

a. regañar
b. quedarse (*to stay*)
c. decepcionado/a
d. descendientes
e. sumiso/a
f. maravilloso/a
g. rechazar
h. bien educado/a
i. unido/a
j. tranquilo/a

B. Mi madrastra Complete la siguiente narración con la(s) palabra(s) apropiada(s) según el contexto.

No puedo quejarme de mi madrastra porque es una persona muy comprensiva. Aunque yo

_____[1] (comparto / extraño) a mi madre desde que ella se _____[2]

(mudó a / quedó en) España, me alegro de que la nueva esposa de mi padre _____[3]

(sea / esté) tan buena gente. Todo el mundo piensa que las madrastras _____[4]

(tratan mal / apoyan) a sus hijastros. Sin embargo, mi madrastra siempre me _____[5]

In the interactive *CD-ROM to accompany Punto y aparte,* you will find additional practice with the vocabulary, grammar, and culture in this chapter.

(hace caso / cuenta con) y trata de _____[6] (apoyarme / regañarme). A ella le importa mucho que vivamos todos en armonía.

C. ¿Cuál no pertenece? Indique la palabra que no pertenece a cada serie de palabras. Luego, escriba una oración para explicar o mostrar por qué.

1. rebelde, travieso, sumiso, malcriado

   _____

2. alabar, castigar, regañar, quejarse

   _____

3. abierta, comprensiva, mandona, cariñosa

   _____

4. hermanastro, medio hermano, hermano, padrastro

   _____

❖**D. Oraciones compuestas** Invente una oración sobre cada categoría indicada a continuación, utilizando adjetivos y un conector de la siguiente lista.

MODELO: la benjamina →
La benjamina de la familia es egoísta, ya que siempre ha sido muy mimada.

ADJETIVOS		CONECTORES
cariñoso/a	mandón(a)	además
egoísta	mimado/a	por eso
entrometido/a	protector(a)	por lo tanto
estable	rebelde	porque
exigente	sano/a	sin embargo
insoportable	unido/a	ya que

1. las familias grandes _____

   _____

2. los adolescentes _____

   _____

3. los gemelos _____

   _____

4. las madrastras _____

   _____

E. Definiciones

Paso 1 Complete cada oración con el pronombre relativo apropiado. Luego, escriba la palabra definida de la siguiente lista.

alabar	la hija adoptiva
el apodo	la madrastra
la brecha generacional	mimada
el gemelo	regañar

cuyo/a/os/as	lo que	que	quien

1. Es _____ hacen los padres cuando están muy orgullosos de sus hijos.

   _____

2. Es la persona _____ está casada con mi padre pero no es mi madre.

   _____

3. Es una persona _____ hermano/a nació el mismo día que él/ella.

   _____

4. Es algo _____ causa conflictos entre personas nacidas en distintas épocas.

   _____

5. Es un nombre _____ se da a alguien en vez de su propio nombre.

   _____

6. Es una niña _____ padres no son sus padres naturales.

   _____

7. Es _____ hace un padre cuando está enojado con sus hijos.

   _____

8. Es una palabra _____ describe a una persona _____ padres le

   dan todo lo que quiere. _____

Paso 2 Escriba una definición para las siguientes palabras del Vocabulario del tema.

1. el hijo único _____

   _____

2. el benjamín _____

   _____

3. extrañar _____

   _____

4. egoísta _____

   _____

Puntos clave

Pista caliente If you find you are having difficulty with a particular grammar point, review the appropriate grammar explanation(s) found in the green pages near the back of the main text.

PRACTICA DE FORMAS VERBALES

A. Práctica de conjugación Complete la siguiente tabla con las conjugaciones apropiadas de los verbos indicados.

	presente de indicativo	pretérito/ imperfecto	presente perfecto	futuro/ condicional	presente de subjuntivo	pasado de subjuntivo
1. **agradecer** (yo)						
2. **negar** (ie) (nosotros)						
3. **quejarse** (ella)						
4. **mudarse** (tú)						
5. **sugerir** (ie, i) (ellos)						
6. **castigar** (yo)						

B. Traducciones Traduzca las siguientes oraciones. Recuerde utilizar los pronombres de complemento directo e indirecto siempre que sea posible.

MODELOS: Get up (**tú**). → Levántate.
Don't get up (**tú**). → No te levantes.
I'm writing to her. → Le estoy escribiendo. / Estoy escribiéndole.
We want to send it (**el paquete**) to you (**Ud.**). →
　　　Se lo queremos enviar. / Queremos enviárselo.
She had already left when I arrived. → Ella ya se había ido cuando llegué.

1. They obey him. _____

2. They are obeying him. _____

3. They obeyed him. _____

4. They used to obey him. _____

5. They have obeyed him. _____

6. He didn't realize that they had always obeyed him. _____

7. They will obey him. _____

8. They would obey him. _____

9. It's good that they obey him. _____

10. It was good that they obeyed him. _____

11. Obey him (**tú**). _____

12. Don't obey him (**Uds.**). _____

13. Let's obey him. _____

LOS PUNTOS CLAVE PRINCIPALES: RECOMENDACIONES Y REACCIONES

El subjuntivo

A. Los padres   Complete cada oración con la forma apropiada del subjuntivo, indicativo o infinitivo de cada verbo. Cuando **ser** y **estar** aparezcan juntos, escoja el verbo apropiado y conjúguelo en la forma apropiada.

Javier

1. Sus padres insisten en que él _____ (volver) a Puerto Rico.

2. Es ridículo que él _____ (tener) que cambiar de planes.

3. Es una lástima que su hermano gemelo _____ (mudarse) a Seattle.

4. Es importante que Javier _____ (ser / estar) tranquilo cuando venga su madre.

Laura

5. El padre de Laura no quiere que ella _____ (vivir) en el Ecuador.

6. Es probable que Laura _____ (irse) cuando termine sus estudios.

7. El padre de Laura teme que su hija nunca _____ (regresar) a los Estados Unidos.

8. Es evidente que los padres _____ (querer) que sus hijos no _____ (ser / estar) muy lejos de casa.

Sergio

9. Los padres de Sergio creen que él _____ (deber) tener mucha libertad.

10. Para Sergio es importante _____ (ser / estar) con su familia.

11. Es interesante que sus padres nunca lo _____ (presionar) para que viva con ellos.

12. Es obvio que ellos _____ (tener) unas relaciones muy abiertas.

B. Una visita

Paso 1 Complete el siguiente párrafo con la forma apropiada del subjuntivo, indicativo o infinitivo de cada verbo. Cuando **ser** y **estar** aparezcan juntos, escoja el verbo apropiado y conjúguelo en la forma apropiada.

Irene, la prima de Sara, quiere visitarla en el verano. Sara teme que la visita le _____[1] (causar) problemas porque la última vez que se vieron, pasaron una semana entera peleándose. Por lo general _____[2] (llevarse) bien, pero si _____[3] (ser/estar) juntas demasiado tiempo, puede ser un desastre. Es posible que Laura la _____[4] (ayudar) a entretener a su prima, pero Sara duda que _____[5] (ser/estar) posible complacerla.[a] Javier recomienda que Irene _____[6] (ir) con Sergio a los conciertos durante los fines de semana y que durante la semana _____[7] (pasar) su tiempo libre con él en Ruta Maya. Allí conocerá a mucha gente interesante. A pesar de[b] estas sugerencias, Sara no cree que _____[8] (haber) ninguna posibilidad de que la visita de Irene _____[9] (ser/estar) agradable.

[a]*to please her*   [b]*A… In spite of*

❖**Paso 2** ¿Qué otras actividades recomienda Ud. que Sara planee para su prima? Escriba dos oraciones completas.

_____

_____

_____

_____

C. Nuevas responsabilidades

Paso 1 Complete el siguiente párrafo con la forma apropiada del subjuntivo, indicativo o infinitivo de cada verbo. Cuando **ser** y **estar** aparezcan juntos, escoja el verbo apropiado y conjúguelo en la forma apropiada.

Los dueños de Ruta Maya quieren que Javier

_____[1] (encargarse) de[a] los

entretenimientos[b] que ofrecen en el café cada fin de

semana. Prefieren que él _____[2] (con-

tratar) grupos que toquen música latina porque quie-

ren que su clientela _____[3] (conocer)

esa música. Además, creen que _____[4]

(ser/estar) importante darles una oportunidad a esos

músicos. Es conveniente que su amigo Sergio

_____[5] (tener) muchos contactos en el mundo de la música latina. Es probable que

Javier le _____[6] (pedir) ayuda a su amigo. Ruta Maya no es un lugar muy grande.

Por eso es necesario _____[7] (traer) grupos como Correo Aéreo que no ocupen mu-

cho espacio.

Recientemente muchos de los restaurantes mexicanos de Austin han contratado conjuntos que

_____[8] (tocar) música entre las 8:00 y las 11:00 de la noche los fines de semana.

Es evidente que este tipo de entretenimiento _____[9] (aumentar[c]) la calidad del

ambiente de estos lugares. Sean y Marisol, los dueños de Ruta Maya, saben que es importante

que su café _____[10] (ofrecer) todo lo necesario para hacer que el ambiente

_____[11] (ser) agradable. Además, ellos están contentos de que a Javier le

_____[12] (gustar) la idea de hacerse cargo de[d] esta responsabilidad.

[a]encargarse... *to take charge of*   [b]*entertainment*   [c]*to increase*   [d]hacerse... *taking charge of*

❖**Paso 2** ¿Piensa Ud. que es una buena idea que los cafés ofrezcan música en vivo durante los fines de semana? ¿Por qué sí o por qué no?

_____

_____

_____

❖**D. La brecha generacional** Complete las siguientes oraciones sobre varios aspectos de su vida. Primero explique lo que algunas personas desean para Ud. y luego dé su propia opinión y/o reacción.

1. mi educacíon: Mis padres (hijos, abuelos,...) quieren que yo _____

pero yo quiero _____

porque _____

2. mi carrera profesional: Mis padres (hijos, abuelos,...) sugieren que yo _____

Sin embargo, yo espero _____

ya que _____

3. mis novios/as: A mis padres (hijos, abuelos,...) no les gusta que _____

pero a mí me gusta _____

puesto que _____

4. mi manera de vestirme: Mis padres (hijos, abuelos,...) prefieren que yo _____

pero yo prefiero _____

Por eso, _____

E. Desafío Cambie las siguientes oraciones al pasado. Preste atención especial al uso del pasado de subjuntivo.

MODELO: Es importante que los niños respeten a sus padres. →
Era importante que los niños respetaran a sus padres.

1. Es necesario que los padres les den a sus hijos cierta libertad.

_____

2. Los psicólogos recomiendan que las familias se comuniquen honestamente.

_____

3. La madre de Javier insiste en que él vuelva a Puerto Rico.

_____

4. A Javier no le gusta que su madre le ponga tanta presión.

_____

5. Es normal que los padres quieran estar cerca de sus hijos.

_____

6. Es bueno que los niños obedezcan a sus padres.

_____

7. Es fantástico que las familias puedan comunicarse a través del Internet.

_____

Los mandatos

A. No sea tan formal Escriba los siguientes mandatos formales como mandatos informales. Use el pronombre del complemento directo en cada uno de ellos.

MODELO: Recoja sus libros. → Recógelos.

1. Cuente el dinero. _____

2. Rechace sus consejos. _____

3. Regañe al niño. _____

4. Tenga paciencia. _____

5. Apoye a sus hijos. _____

6. Obedezca a sus padres. _____

B. ¡Qué pesado! Escriba la forma negativa de los siguientes mandatos.

MODELO: Sé bueno. → No seas bueno.

1. Sé comprensivo. _____

2. Cómprale más regalos. _____

3. Alaba a tus hijos. _____

4. Críalos en el campo. _____

5. Dales buenos consejos. _____

6. Protege (*Protect*) a los pequeños. _____

C. Suavizar el mandato Cambie los siguientes mandatos a oraciones con cláusulas subordinadas con el subjuntivo. Use los verbos de la lista en la cláusula principal.

esperar   querer(ie)
pedir (i)   recomendar (ie)
preferir (ie)   rogar (ue)

MODELO: Habla más conmigo. → Te pido que hables más conmigo.

1. Termina tu tarea ahora.

_____

2. Visita a tus abuelos.

_____

3. Comparte la pizza con tu hermano.

_____

4. Múdate inmediatamente.

_____

5. No castigues al niño.

_____

6. Llámalos pronto.

_____

7. No te quejes.

_____

❖**D. ¿Qué hacer?** Un psicólogo ofrece consejos a las familias. Complete las siguientes oraciones con mandatos formales. Trate de usar palabras del Vocabulario del tema del Capítulo 2 de su libro de texto.

MODELO: Si sus padres son demasiado estrictos, → dígales que deben ser menos protectores.

1. Si quiere llevarse bien con sus hijos,

_____

2. Si quiere mimar a alguien,

_____

3. Si extraña a un familiar que vive muy lejos,

_____

4. Si tiene un hermanastro insoportable,

_____

5. Si su suegra habla por los codos,

_____

6. Si los amigos de sus hijos son más ricos que Uds.,

_____

❖**E.   El consejero familiar**

Paso 1   Lea el siguiente consejo que una hija de inmigrantes hispanos le da a su madre.

ESCUCHE A SUS HIJOS, ELLOS SIEMPRE TIENEN ALGO IMPORTANTE QUE DECIRLE. LAS SUGERENCIAS QUE OFRECEN AQUI ALGUNOS ADOLESCENTES PUEDEN AYUDAR A LOS PADRES

«Si eres de otro país, trata de entender que nosotros estamos creciendo[1] en una nueva cultura, y nuestras reglas[2] son diferentes», dice Menaka, de 14 años. «En el país de mi madre, las niñas están muy encerradas[3] en casa y no discuten mucho con sus padres. Quiero que ella comprenda que yo crecí en la cultura americana y que tengo la preparación para cuidarme yo sola. Procuro[4] llegar a la hora que se me indica, pero necesito más libertad que la que ella tuvo».

---

[1]*growing up*   [2]*rules*   [3]*confined*   [4]Trato de

Paso 2   Ahora en otro papel o a computadora, escriba un diálogo entre Menaka, su madre y un consejero familiar en el que: (1) Menaka se queje de las exigencias de su madre; (2) la madre de Menaka se queje del comportamiento de su hija; (3) el consejero familiar les haga recomendaciones. Use verbos diferentes para reaccionar y recomendar y las Expresiones útiles del Capítulo 2 de su libro de texto.

LOS OTROS PUNTOS CLAVE

A.   Descripción   Complete lo que dice Diego de los padres de familia con la forma apropiada de cada palabra indicada. Cuando **ser** y **estar** aparezcan juntos, escoja el verbo apropiado y conjúguelo en el presente de indicativo.

Los padres de familia han cambiado mucho en los últimos años. Sin embargo, creo que las familias

_____[1] (tradicional) tienen sus ventajas.[a] Los padres _____[2]

(conservador) a menudo _____[3] (ser/estar) _____[4] (exigente), pero

esto no quiere decir que no comprendan a _____[5] (su) hijos. De hecho, una madre

_____[6] (liberal) puede _____[7] (ser/estar) tan _____[8]

(entrometido) como una madre _____[9] (conservador), y una madre

[a]*advantages*

_____10 (estricto) todavía puede tener relaciones _____11 (amistoso) con _____12 (su) hijos. Es decir, creo que la personalidad del padre o de la madre determina las relaciones que tiene con _____13 (su) hijos más que los valores _____14 (fundamental) que profesa.

❖B. **Comparación** Utilice la información de la siguiente tabla para hacer tres comparaciones de desigualdad (**más/menos… que**), dos comparaciones de igualdad (**tan/tanto… como**) y dos comparaciones superlativas (**el/la más…**) entre Lola, Juan y Verónica.

	edad	número de hijos	sueldo anual	horas que trabaja por semana
Lola	25	2	$34.000	35
Juan	25	1	$38.000	40
Verónica	23	0	$45.000	50

1. _____

2. _____

3. _____

4. _____

5. _____

6. _____

7. _____

8. _____

PASADO
P

❖C. **Narración en el pasado**

Paso 1   Mire los siguientes dibujos que muestran lo que le pasó a Javier cuando tenía siete años. (Acuérdese de que Javier tiene un hermano gemelo, Jacobo.) Apunte los verbos que forman «la columna» de la historia y los que describen «la carne».

Palabras útiles: acusar, llorar (*to cry*), romper (*to break*); el vaso de cristal

1.

2.

3.

4.

5.

COLUMNA   CARNE

_____   _____

_____   _____

_____   _____

_____   _____

Paso 2 Con los verbos que apuntó en el Paso 1, escriba en otro papel o a computadora una narración de lo que pasó.

D. Hablar de los gustos Describa los gustos de cada persona, según las indicaciones. Luego, complete la oración que sigue.

1. Laura / caer bien / todos sus primos menos uno _____

   _____

   Pienso que este primo _____

2. los padres de Diego / no interesar / el dinero que gana su hijo _____

   _____

   Sus padres no creen que _____

3. la madre de Javier / molestar / la falta de comunicación con sus hijos _____

   _____

   Javier piensa que _____

4. mis hermanos y yo / fastidiar / los apodos tontos _____

   _____

   No creemos que _____

❖E. Hacer hipótesis Complete las siguientes oraciones según lo que Ud. se imagina que la madre de Javier le dijo cuando lo visitó.

1. Si compartieras más tus pensamientos con tu familia, _____

2. Si _____,

   yo no te regañaría tanto.

3. Si fueras menos rebelde, _____

4. Si nosotros _____,

   tendríamos menos problemas de comunicación.

5. Si tu hermano _____,

   yo estaría muy orgullosa.

6. Si _____,

   _____

F. Hablar del futuro

Paso 1 Llene los espacios en blanco con la forma correcta del futuro.

Cuando yo tenga nietos, _____[1] (ser/estar) el mejor abuelo/la mejor abuela

del mundo. Les _____[2] (comprar) muchos regalos y los _____

_____[3] (llevar) al cine. Juntos (nosotros) _____[4] (ir) a la playa cuando

haga calor y a las montañas cuando caiga nieve. Si uno de mis nietos tiene una discusión con sus

padres, él siempre _____[5] (poder) hablar conmigo y yo le _____

_____[6] (dar) buenos consejos. Para que mis nietos sepan más sobre la historia de su familia,

nosotros _____[7] (investigar) la vida de nuestros antepasados en la biblioteca.

Claro, mis nietos _____[8] (tener) modales perfectos, así que también, tan pronto

como les interese, los _____[9] (invitar) a comer en los mejores restaurantes de la

ciudad. ¡Qué bien lo _____[10] (pasar) nosotros!

Paso 2: Desafío Complete las oraciones con la forma correcta del verbo.

1. Cuando yo _____ (tener) 70 años, espero tener muchos nietos.

2. Para que mis nietos me _____ (conocer) si viven lejos, les escribiré muchos

   correos electrónicos.

3. Antes de que yo _____ (morirme), quiero viajar a todos los continentes del

   mundo con mis nietos.

4. Con tal de que ellos _____ (comportarse) bien, podré llevarlos a muchos

   sitios.

5. A menos que nosotros no _____ (llevarse bien), lo pasaremos de maravilla.

G. Traducción   Traduzca las siguientes oraciones al español.

1.   Although Javier loves having a close-knit family, he wants his mother to be less meddlesome.

   _____

2.   It's not a good idea to give your child a tacky nickname. Don't do it (**Ud.**)!

   _____

❖Reciclaje del vocabulario y los puntos clave

Mamá   Escriba una oración sobre el concepto de la madre para cada meta comunicativa. Puede basarse en la tira cómica o puede usar sus propias ideas. Use una palabra de la lista en cada oración. Tres de las ocho oraciones deben ser preguntas. ¡Sea creativo/a!

bruto/a	despistado/a	parecerse a
la cara	los lentes	preocupante
chistoso/a	llevarse bien/	rechazar
darse cuenta	mal con	rizado/a
de	meter la pata	

—Esta es la señora que ocupaba la cama contigua a la mía en maternidad.

COSPER

DESCRIBIR
D

1.   descripción: _____

   _____

COMPARAR
C

2.   comparación: _____

   _____

REACCIONAR
R
RECOMENDAR

3.   reacción: _____

   _____

REACCIONAR
R
RECOMENDAR

4.   recomendación: _____

   _____

PASADO
P

5.   narración en el pasado: _____

   _____

GUSTOS
G

6.   hablar de los gustos: _____

   _____

HIPÓTESIS
H

7.   hacer hipótesis: _____

   _____

FUTURO
F

8.   hablar del futuro: _____

   _____

❖LOS PUNTOS CLAVE EN CONTEXTO

El contexto   La madre de Javier quiere que él regrese a Puerto Rico y que se case con una puertorriqueña. Sus amigos sugieren que Javier le diga a su madre que está enamorado de Laura. De esta manera, ellos piensan que la Sra. de Mercado lo dejará en paz. ¿Piensa Ud. que su madre se sentirá decepcionada o que aceptará la idea?

Paso 1 Escriba dos o tres oraciones para las siguientes situaciones.

DESCRIBIR
D

1. Describa a Laura a la madre de Javier. Dígale cómo es físicamente y cómo es su personalidad. También dígale cómo está Javier desde que se enamoró de ella.

_____

_____

_____

_____

C
COMPARAR

2. Haga una comparación para Javier entre Laura y la puertorriqueña perfecta.

_____

_____

_____

_____

REACCIONAR
R
RECOMENDAR

3. Dele algunos consejos a Laura sobre cómo llevarse bien con la madre de Javier.

_____

_____

_____

_____

PASADO
P

4. Imagínese lo qué pasó la noche en que Javier le dijo a su madre que estaba enamorado de Laura. Describa la reacción de su madre al oír la noticia de su hijo.

_____

_____

_____

_____

GUSTOS
G

5. Explique lo que le gusta a Javier de su vida en Austin. Luego, explique lo que le molesta a la Sra. de Mercado del hecho de que su hijo esté en Texas y no en Puerto Rico.

_____

_____

_____

_____

HIPÓTESIS
H

6. Como Ud. sabe, Laura tiene un novio en el Ecuador. Si Laura le contara a Manuel sobre este plan travieso entre Javier y ella, ¿cómo se sentiría Manuel? ¿Qué haría?

_____

_____

FUTURO
▼

7. El padre de Javier y Jacobo es menos entrometido que su madre. Cuando la Sra. de Mercado llame a su marido, ¿cómo reaccionará él? ¿Qué le dirá a su esposa?

_____

_____

_____

_____

Paso 2   Combine la información del Paso 1 para escribir en otro papel o a computadora una composición coherente sobre cómo la Sra. de Mercado recibió la noticia de que Javier está enamorado de Laura. Su composición debe tener un comienzo, desarrollo y final lógicos y debe usar conectores.

❖Rincón cultural

¿QUE SIGNIFICA PARA MI SER PUERTORRIQUEÑO?

Paso 1: Habla Javier   Lea la siguiente explicación de qué significa para Javier ser puertorriqueño.

La distancia y mis estudios me han obligado a adquirir mayor conciencia de lo que significa ser boricua.[1] Ahora, se me hace fácil[2] reconocer que no hay un solo Puerto Rico y que no hay una sola cultura nacional. En Puerto Rico, hay una clase dominante y una clase popular y ambas existen en una tensión dinámica. Para la clase popular, la bomba, la plena y la salsa son algunos de los productos culturales de importancia. La clase elitista disfruta más de la danza y el rock. La cultura nacional puertorriqueña es como un péndulo entre lo tradicional y lo moderno, entre lo popular y lo elitista y entre lo europeo, lo africano y lo estadounidense. Ser puertorriqueño es ser muestra[3] viviente de que lo tradicional y lo moderno pueden coexistir sin contradecirse. No hay que dejar lo tradicional para ser moderno ni viceversa.

Puerto Rico está cubierto de carreteras y autopistas modernas. Las casas tienen televisores con cable, VCR o DVD, juegos electrónicos y computadoras. La gente de diversas clases sociales camina por las calles con teléfonos celulares en la mano. Sin embargo, es común ver tras la casa de un hombre de negocios una jaula con gallinas y unas cuantas plantas de plátano, guayaba y mango. Y aunque en Puerto Rico hay acceso a cualquier tipo de *fast food* estadounidense, nadie cambia un plato de arroz con habichuelas y tostones por un *Big Mac* o una pizza de *Pizza Hut*. Y es que algunas cosas son insustituibles. Por eso en mi casa conservo objetos relacionados con mi país. Por ejemplo, tengo una pequeña bandera de Puerto Rico que todos los días me recuerda que formo parte de una nación valiente y fuerte. También tengo un pilón[4] en la cocina que me recuerda la comida que preparaba mi mamá.

[1]puertorriqueño   [2]se... es muy fácil para mí   [3]ejemplo   [4]*mortar and pestle*

ACCIONAR
R
COMENDAR

Paso 2   Ahora en otro papel o a computadora, conteste las preguntas o siga las indicaciones a continuación.

1. ¿Qué elementos determinan lo tradicional en Puerto Rico? ¿Y lo moderno?
2. ¿Por qué es interesante que un hombre que representa lo moderno tenga en su casa «una jaula con gallinas y unas cuantas plantas de plátano»?
3. ¿Por qué es importante para Javier conservar en su casa objetos relacionados con su país?
4. Escriba dos oraciones para cada categoría sobre su propia niñez
   a. objetos   c. programas de televisión
   b. lugares   d. personas importantes aparte de sus padres

5. Escriba dos reacciones a lo que dice Javier sobre lo que significa para él ser puertorriqueño.

6. Si pudiera hacerle dos preguntas a Javier sobre Puerto Rico y su cultura, ¿qué le preguntaría?

❖Portafolio de lecturas

Busque y lea otro artículo sobre el país que escogió en el Portafolio de lecturas del Capítulo 1. Luego, complete un formulario como el que está en el apéndice sobre el artículo.

❖¡A escribir!

Una reseña   Mire una película que trate de familias del mundo hispano. Luego en otro papel o a computadora, escriba una reseña de esa obra que incluya por lo menos tres de las siguientes metas comunicativas.

 DESCRIBIR D

1. Describa a un personaje interesante de la película.

 C COMPARAR

2. Compare a dos o más personajes de la película.

 REACCIONAR R RECOMENDAR

3. ¿Qué le recomienda Ud. a una persona que quiere ver la película?

 PASADO P

4. ¿Qué pasó en una escena clave?

 GUSTOS G

5. ¿Qué le gustó y qué le molestó de la película o de algún personaje?

HIPÓTESIS H

6. Si Ud. fuera el director / la directora, ¿qué cambiaría de la película?

 FUTURO F GUSTOS G

7. ¿Cómo se recibirá esa película en su comunidad? ¿Cuáles son las partes que les gustarán y cuáles son las partes que les molestarán a las personas de su comunidad?

Debe usar los conectores apropiados para darle la coherencia necesaria al artículo. A continuación se sugieren algunas películas:

American Me	*El hijo de la novia*	*The Pérez Family*
Antes de que anochezca	*El súper*	*Tortilla Soup*
A Walk in the Clouds	*Mi familia*	*Vampiros en la Habana*

 Prueba diagnóstica: Capítulos 1 y 2

Paso 1   Escoja la(s) palabra(s) apropiada(s) según el contexto. (15 puntos)

1. Es importante que Sara _____ este año.

    a. se gradúe   b. se graduará   c. se gradúa

2. Este año los dueños de Ruta Maya han ganado más dinero _____ el año pasado.

    a. como   b. de   c. que

3. Si yo _____ Sergio, me mudaría a Los Angeles.

    a. sería   b. era   c. fuera

4. Los padres de Laura prefieren que ella no _____ al Ecuador.

   a. se mude   b. se mudará   c. se muda

5. Cuando Sara _____ de su trabajo, tomará un café y empezará a estudiar.

   a. vuelve   b. vuelva   c. volverá

6. Javier _____ muy nervioso durante su entrevista con el jefe de la revista *Lectura*.

   a. estaba   b. era   c. fue

7. Cristina no _____ con otros hombres, si Diego le prestara más atención.

   a. saldrá   b. saldría   c. sale

8. La presentación sobre Pablo Casals _____ en el auditorio del Centro de Bellas Artes, que _____ al lado del estadio.

   a. será/está   b. estará/está   c. estará/es

9. A Sergio y a Diego _____ encanta _____ .

   a. le / jugar al fútbol   b. les / el fútbol   c. les / los partidos de fútbol

10. Mientras Laura _____ la cena anoche, Manuel la _____ desde el Ecuador.

    a. preparó/llamó   b. preparó/llamaba   c. preparaba/llamó

11. El hermano mayor de Javier gana más _____ 100.000 dólares al año.

    a. que   b. como   c. de

12. Con tal de que haya suficiente dinero, los dueños de Ruta Maya _____ un nuevo patio antes de la primavera.

    a. construirían   b. construirán   c. construyeron

13. A los vecinos que viven cerca de Ruta Maya _____ molesta _____ que hay en el barrio a causa de la popularidad del café.

    a. les / los clientes ruidosos   b. les / la basura   c. le / el tráfico

14. Esta noche, la paella no _____ muy buena aunque normalmente _____ deliciosa.

    a. está/es   b. es/es   c. es/está

15. Cuando Sara _____ a casa, Laura _____ las galletas que acababan de comprar.

    a. llegaba/comía   b. llegó/comió   c. llegó/comía

Paso 2   Llene el espacio en blanco con el artículo definido o la forma apropiada de la palabra indicada, según el contexto. (7 puntos)

1. _____ flores que ponen en las mesas del café son _____ (bonito).

2. _____ actividades culturales que presentan en Ruta Maya son

   _____ (variado).

3. Todos los miembros de la familia de Javier son _____ (extrovertido).

4. _____ poemas que Javier escribió sobre _____ crisis mundial son impresionantes.

Paso 3 Traduzca la siguiente oración al español. (3 puntos)

Sara hopes that her sister visits her more than once this year.

_____

_____

CAPITULO 2

 PRACTICA ORAL

❖Trabalenguas

Lea y escuche las siguientes oraciones. Va a oír las oraciones dos veces. Repita cada una después de oírla la segunda vez.

1. Quiela quiere que Quico no **se queje** cuando el quiosco cierra a las cinco.
2. Me alegro de que Alicia **apoye** a su hermanastro a pesar de sus ideas tan alucinantes.
3. Es lamentable que Lola López no **limpie** la langosta antes de meterla en la olla.
4. Mi madrastra manda que mi medio hermano **se mude** a Miami este mes.
5. Dudamos que Tomás **tenga** un tatuaje tan terrible como dice su tatarabuela.
6. Ojalá que Orlando nos **ofrezca** otras oportunidades para organizarnos.

María Metiche

Escuche lo que dice María Metiche de la visita de la Sra. de Mercado. Luego, escriba cinco oraciones sobre lo que pasó (pretérito) durante su visita a Austin y tres oraciones sobre lo que sentían Javier y su madre (imperfecto). Recuerde que María va a usar el pretérito para marcar el avance de la acción y el imperfecto para hacer descripciones de fondo.

PRETERITO

1. _____

2. _____

3. _____

4. _____

5. _____

IMPERFECTO

6. _____

7. _____

8. _____

Vocabulario del tema

¿Cómo es? Escuche las siguientes oraciones y luego escriba la forma apropiada del adjetivo que mejor describa a la persona que habla. Va a escuchar las oraciones dos veces. **¡OJO!** No se usan todas las palabras. (Las respuestas se dan en el CD.)

cursi	educado	estricto	presumido	sumiso
despistado	envidioso	grosero	rebelde	tacaño

1. _____

2. _____

3. _____

4. _____

5. _____

6. _____

7. _____

Puntos clave

A. La visita de la Sra. de Mercado   Escuche cada oración y luego indique si expresa una situación verdadera o un deseo. (Las respuestas se dan en el CD.)

	SITUACION VERDADERA	DESEO
1.	☐	☐
2.	☐	☐
3.	☐	☐
4.	☐	☐
5.	☐	☐

B. Dictado   Escuche la siguiente serie de oraciones. Va a oír cada oración dos veces. Mientras Ud. escucha la segunda vez, escriba lo que oiga. Luego, identifique cuál de las metas comunicativas se representa en cada oración. Puede escuchar las oraciones más de una vez, si quiere.

Metas comunicativas:

1. _____

_____

2. _____

_____

3. _____

_____

4. _____

_____

5. _____

_____

Para escuchar mejor: El estatus especial de Puerto Rico

ANTES DE ESCUCHAR

❖**A. Anticipar la información**   Ud. va a escuchar parte de una conferencia sobre la situación político-cultural de Puerto Rico. Antes de escuchar, piense en todo lo que Ud. sepa o haya oído de Puerto Rico e indique si está de acuerdo (Sí) o no (No) con las siguientes afirmaciones.

		SI	NO
1.	Puerto Rico es un país independiente.	☐	☐
2.	La moneda que usan en la Isla es el peso.	☐	☐
3.	El idioma oficial de Puerto Rico es el español.	☐	☐
4.	Los puertorriqueños no pueden servir en el ejército de los Estados Unidos.	☐	☐
5.	Los puertorriqueños no pagan impuestos federales de los Estados Unidos.	☐	☐

B. Vocabulario en contexto: Dictado   Escuche las siguientes tres oraciones tomadas de la conferencia. Mientras escucha la segunda vez, escriba lo que oiga. Puede escuchar las oraciones más de una vez, si quiere.

1. _____

2. _____

3. _____

C. Preparación histórica   Lea esta breve historia sobre la presencia estadounidense en Puerto Rico como preparación para escuchar la conferencia.

En 1898 Puerto Rico pasó a pertenecer a[1] los Estados Unidos, ya que España perdió esa colonia en la Guerra Hispanoamericana. En aquel momento, la Isla era bastante pobre, con altos niveles de mortalidad infantil y una gran falta de comida. Durante la primera parte del siglo XX, casi todo en la Isla estaba controlado por los Estados Unidos. El gobernador era estadounidense, estaba prohibido usar la bandera puertorriqueña y el idioma oficial en las escuelas era el inglés. En 1917, se concedió la ciudadanía estadounidense a los puertorriqueños, principalmente porque los Estados Unidos necesitaba más soldados para luchar en la Primera Guerra Mundial. En 1952, Puerto Rico se convirtió en Estado Libre Asociado, posición que mantiene hasta hoy en día.

[1]pasó... *became part of*

¡A ESCUCHAR!

A. Comprensión   Ahora, escuche la conferencia sobre la actual situación social, económica y política de Puerto Rico. Luego, conteste las siguientes preguntas según lo que Ud. oyó en la conferencia.

1. ¿Es Puerto Rico un país independiente?

_____

2. ¿Qué tipo de moneda se usa en Puerto Rico?

_____

3. ¿Cuál es el idioma oficial de Puerto Rico?

_____

4. ¿Qué indica la conferencia en cuanto al derecho de los puertorriqueños a servir en el ejército de los Estados Unidos?

_____

5. ¿Necesitan los puertorriqueños una visa especial para trabajar y vivir en los Estados Unidos?

_____

6. ¿Los puertorriqueños prefieren ser independientes o prefieren ser un estado de los Estados Unidos?

_____

❖**B.** **¡Apúntelo!**   Ahora, vuelva a escuchar la conferencia. Tome apuntes en otro papel o a computadora, organizando sus apuntes según las siguientes categorías.

1. situación política
2. opiniones diversas sobre la situación política (a., b., c.)
3. situación económica
4. situación cultural

❖**C.** **En resumen**   Ahora en otro papel o a computadora, haga un breve resumen del contenido de la conferencia, basándose en lo que Ud. escuchó y en sus apuntes.

CAPITULO 3

PRACTICA ESCRITA

Vocabulario del tema

A. Lo contrario Escriba la letra de la palabra de la Columna B que corresponda a la palabra opuesta de la Columna A.

COLUMNA A

1. _____ el fracaso

2. _____ emocionado/a

3. _____ pasajero/a

4. _____ salir con

5. _____ querer

6. _____ harto/a

7. _____ halagado/a

8. _____ genial

9. _____ cauteloso/a

10. _____ asqueado/a

COLUMNA B

a. atrevido/a
b. odiar
c. decepcionado/a
d. el éxito
e. horrible
f. encantado/a
g. duradero/a
h. romper con
i. satisfecho/a
j. deprimido/a

B. ¿Cuál no pertenece? Indique la palabra que no pertenece a cada serie de palabras. Luego, escriba una oración para explicar o mostrar por qué no pertenece.

1. extrañar, regañar, querer, confiar en

_____

2. maravilloso, dañino, exitoso, genial

_____

In the interactive *CD-ROM to accompany Punto y aparte*, you will find additional practice with the vocabulary, grammar, and culture in this chapter.

3. discutir, regañar, dejar plantado, coquetear

_____

4. coquetear, discutir, piropear, soñar con

_____

5. apenada, halagada, harta, asqueada

_____

C. Vocabulario en contexto   Complete cada oración con la forma correcta de la palabra más apropiada.

1. Normalmente, cuando una persona mete la pata se siente muy _____

   (asustado/avergonzado).

2. La otra noche cuando Diego _____ (piropear / dejar plantado) a Cristina, ella se

   puso rabiosa.

3. Unas relaciones tempestuosas muchas veces son _____ (dañino/exitoso).

4. A menudo las personas divorciadas no quieren volver a casarse porque tienen miedo de tener

   otro _____ (éxito/fracaso).

5. El piropo es una manera muy hispana de _____ (coquetear/regañar).

D. ¿Cómo se sienten los cinco amigos hoy?   Complete las oraciones que describen los siguientes dibujos. Use **está** o **se siente** con un adjetivo de la lista.

asqueado   avergonzado   confundido
asustado   cansado   enojado

1. Diego _____

   _____ porque esta mañana hizo

   demasiado ejercicio.

2. Laura _____

   _____ porque no entiende el

   mensaje que le dejó Sara.

3. Sara _____

_____ porque acaba de ver una

rata en la cocina.

4. Javier _____

_____ porque ha perdido sus

apuntes para el artículo que estaba escri-

biendo.

5. Sergio _____

_____ porque acaba de encontrar

una cucaracha en su taco.

6. Sara _____

_____ porque Laura se comió la

última galleta.

❖E. **Oraciones compuestas** Escriba cuatro oraciones, utilizando elementos de cada columna como en
el modelo.

Creo que	el divorcio	por eso
No creo que	los piropos	sin embargo
Dudo que	las relaciones plaatónicas	por lo tanto
No dudo que	Diego y Cristina	además
Es verdad que	las relaciones duraderas	ya que
No es verdad que	las relaciones paasajeras	porque

MODELO: No creo que Diego y Cristina rompan definitivamente ya que se quieren mucho.

1. _____

_____

2. _____

_____

3. _____

_____

4. _____

_____

Puntos clave

Pista caliente   If you find you are having difficulty with a particular grammar point, review the appropriate grammar explanation(s) found in the green pages near the back of the main text.

PRACTICA DE FORMAS VERBALES

A. Práctica de conjugación   Complete la siguiente tabla con las conjugaciones apropiadas de los verbos indicados.

	presente de indicativo	pretérito/ imperfecto	presente perfecto	futuro/ condicional	presente de subjuntivo	pasado de subjuntivo
1. **confiar** (tú)						
2. **merecer** (nosotros)						
3. **ponerse** (ella)						
4. **soñar** (yo)						
5. **odiar** (ellos)						
6. **romper** (Ud.)						

B. Traducciones Traduzca las siguientes oraciones. Recuerde utilizar los pronombres de complemento directo e indirecto siempre que sea posible.

> MODELOS: Get up (**tú**). → Levántate.
> Don't get up (**tú**). → No te levantes.
> I'm writing to her. → Le estoy escribiendo. / Estoy escribiéndole.
> We want to send it (**el paquete**) to you (**Ud.**). → Se lo queremos enviar. /
>   Queremos enviárselo.
> She had already left when I arrived. → Ella ya se había ido cuando llegué.

1. We stand him up. _____

2. We are standing him up. _____

3. We stood him up. _____

4. We used to stand him up. _____

5. We have stood him up. _____

6. He thought that we had stood him up. _____

   _____

7. We will stand him up. _____

8. We would stand him up. _____

9. It's a shame that we (are going to) stand him up. _____

   _____

10. It was a shame that we stood him up. _____

    _____

11. Stand him up (**tú**). _____

12. Don't stand him up (**Uds.**). _____

13. Let's stand him up. _____

LOS PUNTOS CLAVE PRINCIPALES: NARRACION EN EL PASADO

A. Los usos del pretérito y del imperfecto Use la siguiente tabla para completar los Pasos 1 y 2. **¡OJO!** Hay más de una respuesta posible en algunos casos.

		Tabla de usos del pretérito y del imperfecto	
pretérito	a.	completed action	**Fui** al concierto.
	b.	completed actions in succession	Se **levantó, comió** y se **fue.**
	c.	completed action within a specific time period	**Estudié** por dos horas anoche.
	d.	summary or reaction statement	**Fue** un verano perfecto.
imperfecto	e.	progression of an action with no focus on the beginning or end	Lo **leía** con gran interés. Mientras su padre **trabajaba...**
	f.	habitual action	Siempre **comía** rápidamente.
	g.	description of physical and emotional states, including past opinions and desires	**Era** tímido, **tenía** miedo de todo y **quería** escaparse.
	h.	background information such as time, weather, and age	**Eran** las dos de la tarde y ya **hacía** frío.

Paso 1   Lea el siguiente fragmento sobre las relaciones amorosas entre Frida Kahlo y Diego Rivera. Llene los espacios en blanco con la letra (a–h) que corresponde al uso del pretérito o del imperfecto de cada verbo indicado. Los primeros dos espacios ya se han llenado como modelos.

La pintora mexicana Frida Kahlo se enamoró __*a*__[1] locamente del pintor Diego Rivera cuando apenas tenía __*h*__[2] quince años. Estas relaciones comenzaron _____[3] de una manera singular.[a]

Un día Frida fue _____[4] a ver a Diego Rivera en la Escuela de Arte y lo hizo _____[5] bajar de una enorme escalera desde la que trabajaba _____[6] en un mural. Le preguntó _____[7] qué pensaba _____[8] de sus pinturas...

El pintor se sintió _____[9] muy intrigado por esta chica tan atrevida...

Así fue _____[10] como, ya divorciado y lleno de curiosidad por aquella mujer con quien «podía _____[11] hablar de todos los temas de la Tierra», la empezó _____[12] a cortejar hasta que Guillermo Kahlo, el padre de Frida, decidió _____[13] hablarle a Diego...

Con esa semibendición del padre de Frida, la pareja contrajo _____[14] matrimonio el 21 de agosto de 1929. Como es bien sabido, fue _____[15] un matrimonio intenso, tempestuoso y penoso.

Paso 2   Ahora, complete el siguiente párrafo con la forma apropiada del pretérito o imperfecto, según lo indicado por las letras de la tabla.

Hace cinco años, Sara _____[1] (conocer: a) a un chico alemán que

_____[2] (estudiar: e) en los Cursos Internacionales para Extranjeros en Salamanca.

Sara _____[3] (conocer: g) a la familia con quien _____[4] (quedarse: e)

Hans. El _____[5] (ser: g) muy tímido y aunque _____[6] (querer: g)

aprender español, no _____[7] (querer: g) practicarlo con la familia. No

_____[8] (poder: g) abrir la boca porque le _____[9] (dar: e) vergüenza.

[a]*unusual*

Sara _____[10] (enterarse: a) de que su prima Luisa, una chica guapa de la edad de

Hans, _____[11] (asistir: e) a la universidad de Salamanca. _____[12]

(Saber: g) que Luisa le caería bien a Hans. Sara los _____[13] (presentar: a) y a Hans le

_____[14] (caer: a) bien Luisa. _____[15] (Querer: g) invitarla a salir y

para hacerlo _____[16] (tener: a) que hablar español. ¡Y así _____[17]

(resolverse: d) el problema!

B. Un descanso

Paso 1 Complete el párrafo con la forma apropiada del pretérito o del imperfecto de cada verbo.

Sara _____[1] (estar) estudiando cuando Laura _____[2] (entrar) en el

cuarto. Le _____[3] (preguntar) a Sara si _____[4] (querer) ir al cine con

ella. Sara le _____[5] (decir) que sí porque _____[6] (sentirse) un poco

aburrida de sus estudios. Las dos _____[7] (salir) en seguida para el cine.

_____[8] (Ver) una película cómica y _____[9] (reírse) mucho. Luego,

como _____[10] (hacer) mucho frío, _____[11] (entrar) en Ruta Maya y

_____[12] (tomar) chocolate. _____[13] (Ser) las 2:00 de la mañana

cuando por fin _____[14] (regresar) a casa. Laura _____[15] (acostarse)

inmediatamente porque _____[16] (estar) cansada, pero Sara _____[17]

(empezar) a estudiar otra vez.

Paso 2 Ahora, apunte los verbos que forman «la columna» de la historia y los que describen «la carne».

LA COLUMNA	LA CARNE
_____	_____
_____	_____
_____	_____
_____	_____
_____	_____
_____	
_____	
_____	
_____	
_____	

C. ¿A la playa en invierno? ¡De ninguna manera!   Complete la siguiente narración con la forma apropiada del pretérito o del imperfecto de cada verbo. Cuando aparezcan dos verbos juntos, escoja el verbo apropiado y conjúguelo en el pretérito o en el imperfecto.

Desde niño Sergio _____[1] (pasar) las vacaciones de Navidad en Colorado con sus abuelos paternos. Las clases siempre _____[2] (terminar) a mediados de diciembre y las vacaciones _____[3] (durar) hasta el día después de la fiesta de los Reyes Magos. Esas tres semanas _____[4] (ser/estar) sus favoritas del año. Le _____[5] (encantar) las fiestas, los regalos y sobre todo el frío y la nieve. Además, _____[6] (haber) una chica muy guapa que también _____[7] (pasar) sus vacaciones allí. _____[8] (Llamarse) Elena. Pero después de que _____[9] (morir) su abuelo, su abuela _____[10] (ir) a vivir con Sergio y su familia en Boston y Sergio nunca _____[11] (volver) a las montañas.

Los primeros años después de la muerte de su abuelo, Sergio _____[12] (quedarse) en Boston. Pero el año pasado sus padres _____[13] (decidir) aprovechar[a] las vacaciones para visitar a sus tíos en Playa del Carmen, en la Península de Yucatán. Cuando le _____[14] (*ellos:* comunicar) la decisión a Sergio, no le _____[15] (gustar) nada la idea de pasar las vacaciones sin nieve. Ese año, mientras _____[16] (hacer) las maletas para volver a Boston, _____[17] (empezar) a pensar en la chica bonita de Colorado. Perdido en sus pensamientos,[b] _____[18] (decidir) no volver a pasar nunca más sus vacaciones preferidas bajo temperaturas tropicales.

_____[19] (Empezar) a formar el plan perfecto. La solución _____[20] (ser/estar) apuntarse como[c] instructor de clases de esquí en Vail, Colorado. Ya _____[21] (conocer/saber) a uno de los directores y a Sergio le _____[22] (gustar) la idea de trabajar con niños. Así que al año siguiente _____[23] (hacer) sus maletas y _____[24] (irse) para Colorado. Imagínese su alegría cuando _____[25] (enterarse) de que su compañera de trabajo _____[26] (ir) a ser Elena. ¡Qué suerte!

[a]*to take advantage of* [b]*thoughts* [c]*apuntarse... hacerse*

D. Los verbos especiales Complete el siguiente diálogo con la forma apropiada del pretérito o del imperfecto.

LAURA: Ayer _____¹ (saber) que Cristina y Diego estaban juntos de nuevo. No

_____² (saber) que pensaban reanudarᵃ sus relaciones.

JAVIER: Sí. Tú sabes que Diego no _____³ (poder) aguantar la vida sin Cristina. Cuando

ella lo llamó para invitarlo a salir, él no _____⁴ (poder) decir que no.

LAURA: Pues, hace unos meses que ellos no _____⁵ (querer) ni verse. Una vez traté de

juntarlos para que hablaran de sus problemas pero no _____⁶ (querer).

JAVIER: Laura, no te metas en los asuntos de otros…

LAURA: Sí, tienes razón, Javi. Que lo arreglen ellos. Oye, me encanta tu chaleco. ¿Es boliviano? ¿Dónde

lo conseguiste?

JAVIER: En «Tesoros». Es peruano y estaba de rebaja. Sólo _____⁷ (costar) $30,00. Diego

también _____⁸ (tener) unos nuevos de Guatemala, pero _____⁹

(costar) $80,00 y yo no _____¹⁰ (querer) gastar tanto. Pero

_____¹¹ (conocer) a la artesana que los hace; Diego la trajo para

que diera una demostración de su trabajo.

ᵃ*to resume*

❖**E. Una cita a ciegas** (*blind*)

Paso 1 Mire los siguientes dibujos que muestran lo que le pasó a Sergio la primera y última vez que aceptó «una cita a ciegas». Apunte los verbos que forman la «columna» y los que describen la «carne».

Palabras útiles: doler (ue) (*to hurt*), pintar (*to paint*); el retrato (*portrait*)

1.
2.
3.

4.
5.
6.

_____   _____

_____   _____

_____   _____

_____   _____

_____   _____

_____   _____

Paso 2   Con los verbos que apuntó en el Paso 1, escriba en otro papel o a computadora una narración de lo que pasó.

F. Mi mejor amigo se ha ido   Complete el párrafo con la forma apropiada del presente prefecto.

Ultimamente, he estado pensando mucho en mi mejor amigo, José Luis. El y su familia _____[1] (mudarse) a California y no lo veo mucho. El y yo _____ _____[2] (ser) buenos amigos desde el primer grado y _____[3] (vivir) muchas aventuras juntos. José Luis _____[4] (comportarse) conmigo como un hermano más que como un amigo. Juntos, _____[5] (ir) a ver películas extranjeras, una de nuestras pasiones, y hasta _____[6] (llegar) a filmar nuestra propia película en video. Yo _____[7] (estar) un poco deprimido desde que él se fue. Creo que lo llamaré hoy. ¿_____[8] (Tener) tú un buen amigo así?

G. Sofía es demasiado atrevida   Complete el párrafo con la forma apropiada del presente perfecto.

Mi amiga Sofía _____[1] (poner) un anuncio en una página Web, buscando un novio famoso. Ella cree que es una idea divertida, pero yo creo que ella _____[2] (abrir) una caja de Pandora. Desde que la conozco, Sofía _____[3] (hacer) locuras así. Es una mujer súper extrovertida y no tiene miedo de nada. Ella _____[4] (escribir) cartas de amor a las estrellas de cine y les _____[5] (mandar) prendas de ropa interior. También _____[6] (componer) piezas de música para tratar de vendérselas a cantantes como Shakira y Cristina Aguilera. Hasta yo la _____[7] (ver) en un concierto de Ricky Martin, subirse al escenario y cantar con él. En mi opinión, ella _____[8] (romper) con todas las reglas de la decencia. Siempre le _____[9] (decir) que algún día se va a arrepentir, pero no me escucha. No sé qué va a ser de ella.

LOS OTROS PUNTOS CLAVE

A. Descripción Complete cada oración con la forma apropiada de **ser** o **estar** y del adjetivo indicado.

1. Hace poco, las amigas de Laura _____ (ser/estar) _____ (asustado) porque Laura no contestó el teléfono durante una semana entera.

2. Los libros de amor que Sara leyó cuando _____ (ser/estar) adolescente eran _____ (chistoso).

3. Sugiero que los novios _____ (ser/estar) menos _____ (celoso).

4. Todos los pensamientos _____ (ser/estar) _____ (compartido) entre las almas gemelas.

❖**B. Comparación** Use el adjetivo que está entre paréntesis para hacer una comparación entre las personas de cada grupo.

1. Nancy Reagan / Laura Bush / Hillary Rodham Clinton (sumiso)

_____

2. Jack Nicholson / Dennis Rodman (egoísta)

_____

3. Jennifer Aniston / Lisa Kudrow / Courtney Cox Arquette (chistoso)

_____

❖**C. Reacciones y recomendaciones** Lea el siguiente artículo. Luego, use las expresiones de la lista para expresar sus reacciones.

Los católicos no deben casarse en Disneyworld, según la diócesis

WASHINGTON, EU,[1] 9 de diciembre (ANSA).- Los católicos deben abstenerse de casarse en Disneyworld, según una decisión de la diócesis de Orlando, que sostuvo[2] que el matrimonio es algo serio y no debe celebrarse en un centro de juegos.

«El matrimonio es un sacramento —declaró sor[3] Lucy Vásquez, vocera[4] de la diócesis— y debe ser celebrado en la iglesia». Los sacerdotes[5] católicos fueron por lo tanto invitados a no participar en los ritos organizados por Walt Disney en el «palacio de los matrimonios».

Las «bodas de fábula a la americana»[6] son una de las atracciones lanzadas[7] por Disney en su parque de diversiones en Orlando.

La mayoría de las iglesias protestantes firmaron una convención[8] que autoriza a los sacerdotes a celebrar matrimonios en el pabellón[9] de Disneyworld.

Una ceremonia para pocos íntimos vale 2.500 dólares, pero quien paga 20 mil dólares tiene derecho a un banquete para un centenar de[10] invitados frente al Castillo de la Cenicienta,[11] con música y fuegos artificiales.

La novia es llevada hasta el sacerdote en la carroza[12] de Cenicienta y las alianzas[13] son custodiadas[14] en una cajita de vidrio[15] con forma de zapatito.

En 1996, casi 1.700 parejas se casaron de este modo. Sin embargo, la Iglesia Católica no se adhirió a[16] la convención y hoy confirmó la prohibición.

---

[1]Estados Unidos [2]upheld [3]sister [4]spokeswoman [5]priests [6]bodas… *fantasy weddings American style* [7]launched
[8]agreement [9]pavilion [10]un… cien [11]Cinderella [12]coach [13]wedding rings [14]guardadas [15]cajita… *little glass box*
[16]no… *did not follow*

(No) Creo que	Es chistoso que	Es importante que	(No) Me gusta que
Es bueno/malo que	Es evidente que	Es ridículo que	Pienso que

1. _____

2. _____

3. _____

4. _____

GUSTOS 6

D. Hablar de los gustos   Describa los gustos, según las indicaciones. Luego, complete la oración que sigue.

1. la gente romántica / gustar / pasear bajo las estrellas

   _____

   No creo que _____

2. nosotros / molestar / los quehaceres domésticos

   _____

   Opino que _____

3. los turistas / fastidiar / el tráfico en la Ciudad de México

   _____

   No pienso que _____

4. Frida Kahlo / fascinar / las pinturas de Diego Rivera

   _____

   Frida creía que _____

HIPÓTESIS H

❖**E. Hacer hipótesis**   Complete las siguientes oraciones de una manera original. Use el condicional o el pasado de subjuntivo de los verbos que escoja.

1. Si tuviera 2.500 dólares para casarme en Disneyworld, _____

   porque _____

2. Si _____,

   no podría casarme en Disneyworld.

3. Si yo fuera un sacerdote católico, _____

   _____

4. Si La Cenicienta _____,

   su madrastra fea y mala se sorprendería.

FUTURO F

F. Hablar del futuro

Paso 1   Llene los espacios en blanco con la forma apropiada del futuro.

Las relaciones del futuro _____[1] (basarse) más en los intereses comunes

que en los sentimientos, creo yo. Sólo las parejas que compartan intereses y pasiones

_____[2] (tener) éxito. Para encontrar mi alma gemela, yo

_____[3] (buscar) a personas a las que les gusten los deportes, por ejemplo, por-

que a mí me fascinan. Mi futura pareja y yo _____[4] (ir) a ver muchos partidos

profesionales de diferentes deportes. A veces _____[5] (jugar) al tenis o al bas-

quetbol. Si nos casamos y tenemos hijos, ellos _____[6] (ser) grandes deportistas

también. Toda la familia _____[7] (salir) a caminar o a montar en bicicleta juntos.

Sé que nosotros lo _____[8] (pasar) muy bien. Sí, el romance es importante, pero

unas relaciones sólidas necesitan una base que dure para siempre.

Paso 2: Desafío   Complete los espacios en blanco con la forma apropiada del verbo y complete las oraciones con una de las palabras de la lista.

asustado/a	confundido/a	emocionado/a	satisfecho/a
celoso/a	deprimido/a	enojado/a	

1. Cuando yo _____ (encontrar) mi alma gemela, me sentiré

    _____.

2. Tan pronto como Javier _____ (tener) alguien con quien jugar al raquetbol,

    estará _____.

3. En cuanto Diego _____ (ver) a Cristina con otro hombre, se sentirá

    _____.

4. A menos que tú _____ (quitarse) esta máscara de vampiro, tu sobrinito

    estará _____.

5. Después de que Laura _____ (dejar) plantado a Sergio, él estará

    _____.

G. Traducción   Traduzca las siguientes oraciones al español.

1. It bothers Diego that Cristina flirts with other men.

    _____

    _____

2. If I were Cristina, I would break up with Diego since he's always thinking about his store.

    _____

    _____

❖Reciclaje del vocabulario y los puntos clave

Las familias   Escriba una oración sobre las relaciones sentimentales para cada meta comunicativa.
Puede basarse en la tira cómica o puede usar sus propias ideas. Use una palabra de la lista en cada
oración. Tres de las ocho oraciones deben ser preguntas.

avergonzado/a	el fracaso	querer
decepcionado/a	mandón/mandona	raro/a
degradante	pésimo/a	regañar
exigente	quejarse	rogar (ue)

DESCRIBIR D

1. descripción: _____

_____

C COMPARAR

2. comparación: _____

_____

REACCIONAR R RECOMENDAR

3. reacción: _____

_____

—Mi amor . . . prométeme que nunca más volverás a ordenar en francés . . .

REACCIONAR R RECOMENDAR

4. recomendación: _____

_____

PASADO P

5. narración en el pasado: _____

_____

GUSTOS G

6. hablar de los gustos: _____

_____

HIPÓTESIS H

7. hacer hipótesis: _____

_____

FUTURO F

8. hablar del futuro: _____

_____

❖LOS PUNTOS CLAVE EN CONTEXTO

El contexto   Ya se sabe que Laura tiene un novio ecuatoriano que se llama Manuel y que Laura lo conoció cuando estaba en el Cuerpo de Paz. Manuel es simpático pero a veces es algo celoso.

Paso 1   Escriba dos o tres oraciones para cada una de las siguientes situaciones.

DESCRIBIR D

1. Describa a Manuel.

_____

_____

_____

_____

C COMPARAR

2. Haga una comparación entre Manuel y Javier.

_____

_____

_____

_____

**REACCIONAR
RECOMENDAR**

3. ¿Qué recomienda que hagan Laura y Manuel para tener unas relaciones exitosas a larga distancia?

_____

_____

_____

_____

**PASADO
P**

4. Describa cómo se conocieron Laura y Manuel.

_____

_____

_____

_____

**GUSTOS
G**

5. Manuel está muy enamorado de Laura pero a veces le molestan la independencia y el espíritu aventurero de Laura. Especifique lo que le molesta a Manuel de Laura y lo que le encanta de ella.

_____

_____

_____

_____

**HIPÓTESIS
H**

6. Si Laura se mudara al Ecuador, ¿cómo sería su vida?

_____

_____

_____

_____

**FUTURO
F**

7. ¿Qué pasará en la vida romántica de Laura en el futuro?

_____

_____

_____

_____

Paso 2 Combine la información del Paso 1 para escribir en otro papel o a computadora una composición coherente sobre las relaciones entre Manuel y Laura. Su composición debe tener un comienzo, desarrollo y final lógicos y debe usar conectores.

❖Rincón cultural

¿QUE SIGNIFICA PARA MI SER MEXICANO?

Paso 1: Habla Diego   Lea la siguiente explicación de qué significa para Diego ser mexicano.

Me da mucho gusto ser mexicano. Ser mexicano es ser amante de nuestra historia, llena de hombres y mujeres brillantes, personajes que han dejado un gran legado para México y el mundo en diversos campos, particularmente en el mundo de las artes y la literatura. Siempre viene a mi memoria la presencia de Frida Kahlo como el símbolo de toda una cultura genial y contradictoria, llena de alegres colores y profundo dolor al mismo tiempo. México es, sin duda, el rincón del mundo en donde el significado de la palabra «contradicción» se redefine, se amplía y se ajusta constantemente.

Nuestras tradiciones y festividades nos han permitido sobrevivir al caos casi permanente. Los mexicanos hemos seguido celebrando la vida a pesar de la conquista, a pesar de la revolución de independencia, y cuando menos,[1] a pesar de una larga guerra civil. De hecho, en ese viaje histórico nos hemos transformado y asimilado y nos hemos atrevido[2] a reír de nosotros mismos. Nuestras festividades se caracterizan por la alegría de los colores brillantes y estridentes, por la música del mariachi, y por nuestras famosas comidas, como el mole poblano,[3] el pozole[4] verde, blanco o rojo —como los colores de nuestra bandera— o el plato maya más típico: la cochinita pibil.[5]

Sin embargo, México también enfrenta graves problemas. Desafortunadamente, el país está pasando ahora por el momento más crítico de su historia después de la Revolución de 1910. Parece ser inminente y necesaria la destrucción de las viejas y obsoletas instituciones que no han permitido el crecimiento y desarrollo general del país, sino sólo el enriquecimiento de unas pocas familias. He aquí[6] un ejemplo del México colorido pero contradictorio, casi condenado al subdesarrollo por sus propios líderes y figuras públicas. Es el momento indicado ya para ofrecerle a México la oportunidad de crecer al ritmo al que el resto del mundo crece. Tal vez entonces se invente un color más brillante que el rosado mexicano o algo más delicioso que el mole poblano.

[1]cuando… *not to mention*   [2]nos… *we've dared*   [3]mole… *chicken in a spicy sauce made with chocolate, sesame, and other ingredients*   [4]*soup made with hominy corn and pork or beef*   [5]cochinita… *suckling pig baked in a pit*   [6]He… *Here's*

Paso 2   Ahora en otro papel o a computadora, conteste las preguntas o siga las indicaciones a continuación.

1. Para Diego, ¿qué imagen simboliza mejor a su país?
2. ¿En qué áreas han contribuido los mexicanos a la cultura mundial?
3. ¿Cómo ha sido la historia mexicana?
4. ¿Qué problemas está confrontando México ahora?
5. ¿Qué pide Diego al final del texto?
6. Escriba dos reacciones a lo que dice Diego sobre lo que significa para él ser mexicano.
7. Si Ud. pudiera hacerle dos preguntas a Diego sobre México y su cultura, ¿qué le preguntaría?

❖Portafolio de lecturas

Busque y lea otro artículo sobre el país que escogió en el Portafolio de lecturas del Capítulo 1. Luego, complete un formulario como el que está en el apéndice sobre el artículo.

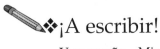 ❖¡A escribir!

Una reseña   Mire una película que trate de las relaciones sentimentales en el mundo hispano. Luego en otro papel o a computadora, escriba una reseña de esa obra que incluya por lo menos tres de las siguientes metas comunicativas.

1. Describa a un personaje interesante de la película.

2. Compare a dos o más personajes de la película.

3. ¿Qué le recomienda Ud. a una persona que quiere ver la película?

4. ¿Qué pasó en una escena clave?

5. ¿Qué le gustó y qué le molestó de la película o de algún personaje?

6. Si Ud. fuera el director / la directora, ¿qué cambiaría de la película?

7. ¿Cómo se recibirá esa película en su comunidad? ¿Cuáles son las partes que les gustarán y cuáles son las partes que les molestarán a las personas de su comunidad?

Debe usar los conectores apropiados para darle la coherencia necesaria al artículo. A continuación se sugieren algunas películas:

Amores perros	*Como agua para chocolate*	*Habla con ella*
A Walk in the Clouds	*El amor brujo*	*Il postino*
Camila	*Frida*	*Piedras*

❖Trabalenguas

PASADO
P

Lea y escuche las siguientes oraciones. Va a oír las oraciones dos veces. Repita cada una después de oírla la segunda vez.

1. Paco **piropeó** a Paula, y por eso Pancho **perdió** la paciencia.
2. ¡La fiesta **fue** fenomenal! **Festejaban** a Franco Falcón, el fundador de la Federación de Floristas.
3. Mientras Marisa **movía** los muebles, su marido **miraba** el maratón en la tele.
4. Regina **estaba** emocionada porque **recibió** un ramo de flores de un admirador romántico.
5. **Eran** las once cuando Oscar **oyó** el ruido del horroroso huracán.

María Metiche

PASADO
P

Hoy María Metiche tiene información sobre las relaciones sentimentales entre Diego y Cristina. Escuche lo que dice María de lo que oyó ayer en Ruta Maya. Luego, escriba cuatro oraciones para explicar qué hicieron Sara y Cristina antes de llegar a Ruta Maya. Recuerde que María va a usar el pretérito para marcar el avance de la acción y el imperfecto para hacer descripciones de fondo.

Palabras útiles: la media naranja (*soul mate*), mono/a (*cute*)

1. _____

2. _____

3. _____

4. _____

Vocabulario del tema

Escuche los mensajes del contestador automático de Javier. Luego, escriba la forma apropiada de un adjetivo de la lista que corresponda a cómo se siente cada persona que le deja un mensaje a Javier. (Las respuestas se dan en el CD.)

agotado	apenado	avergonzado	enojado
alucinado	asustado	confundido	rabioso

1. _____   4. _____

2. _____   5. _____

3. _____

Puntos clave

PASADO

A. Diego y Cristina   Escuche cada oración sobre Diego y Cristina. Luego, indique si el verbo expresa una idea en el presente, pasado o futuro. (Las respuestas se dan en el CD.)

FUTURO

	PRESENTE	PASADO	FUTURO
1.	☐	☐	☐
2.	☐	☐	☐
3.	☐	☐	☐
4.	☐	☐	☐
5.	☐	☐	☐
6.	☐	☐	☐

B. Dictado   Escuche la siguiente serie de oraciones. Va a oír cada oración dos veces. Mientras Ud. escucha la segunda vez, escriba lo que oiga. Luego, identifique cuál las metas comunicativas se representa en cada oración. Puede escuchar las oraciones más de una vez, si quiere.

Metas comunicativas: DESCRIBIR **D**   **C** COMPARAR   REACCIONAR **R** RECOMENDAR   PASADO **P**   GUSTOS **G**   HIPÓTESIS **H**   FUTURO **F**

1. _____
_____

2. _____
_____

3. _____
_____

4. _____
_____

5. _____
_____

Para escuchar mejor: Alma Reed y Felipe Carrillo Puerto: Una historia de amor en México

ANTES DE ESCUCHAR

❖**A. Anticipar la información**   Ud. va a escuchar parte de una conferencia sobre la vida de Alma Reed, una periodista estadounidense que se enamoró en México y de México. Antes de escuchar, indique la información que cree que podría escuchar durante la conferencia.

1. _____ la fecha de nacimiento   6. _____ las relaciones amorosas

2. _____ el aspecto físico   7. _____ el trabajo

3. _____ la educación   8. _____ la salud

4. _____ la actividad política   9. _____ los amigos

5. _____ las relaciones familiares   10. _____ la muerte

B. Vocabulario en contexto Escuche las siguientes cuatro oraciones tomadas de la conferencia. Después de oír cada una dos veces, escriba el número que oiga en la oración.

1. _____   2. _____   3. _____   4. _____

¡A ESCUCHAR!

A. Comprensión Ahora, escuche la conferencia sobre Alma Reed y Felipe Carrillo Puerto. Luego, conteste las siguientes preguntas según lo que Ud. oyó en la conferencia.

1. ¿Como era Alma Reed?

_____

2. ¿Por qué fue a México?

_____

3. ¿Por qué fue a Yucatán?

_____

4. ¿Qué pasó cuando conoció a Felipe Carrillo Puerto?

_____

5. ¿Por qué no era posible mantener esas relaciones?

_____

6. ¿Qué hizo Felipe para poder casarse con Alma?

_____

7. ¿Se casaron al final?

_____

8. ¿Cómo describe Ud. el amor entre Alma y Felipe?

_____

❖**B. ¡Apúntelo!** Ahora, vuelva a escuchar la conferencia. Tome apuntes en otro papel o a computadora, organizando sus apuntes según las siguientes categorías.

1. su familia y juventud   3. su trabajo en México
2. sus primeros años como periodista   4. sus relaciones con Felipe

❖**C. En resumen** Ahora en otro papel o a computadora, haga un breve resumen del contenido de la conferencia, basándose en lo que Ud. escuchó y en sus apuntes.

PARA REPASAR

PRACTICA ESCRITA

▽ ▽ ▽ ▽ ▽ ▽ ▽ ▽ ▽ ▽ ▽ ▽ ▽ ▽ ▽ ▽ ▽ ▽ ▽ ▽

> **Pista caliente**   If you find you are having difficulty with a particular grammar point, review the appropriate grammar explanation(s) found in the green pages near the back of the main text.

Descripción y comparación

REPASO DE LOS PUNTOS CLAVE

Descripción

icono	meta comunicativa	puntos clave
DESCRIBIR **D**	**Descripción**	• la concordancia de género y número • **ser/estar** • los participios como adjetivos

❖**A. Diego es ambicioso**

Paso 1   Lea el siguiente párrafo sobre Diego. Preste atención a los usos de **ser** y **estar** (en negrita) y al número y género de los adjetivos (en letra cursiva).

> Diego Ponce **es** un *buen* hombre de negocios. Hace dos años que abrió una tienda *maravillosa* en Austin que se llama «Tesoros». **Está** en el centro de la ciudad cerca del capitolio. *Esta* tienda **está** *llena* de *lindas* artesanías de Latinoamérica. Diego **está** muy *contento* con el éxito de «Tesoros» y por eso **está** pensando abrir *otra* tienda con un *pequeño* cibercafé en Santa Fe, Nuevo México. Busca un lugar que **sea** bastante *grande* para poner *muchas* artesanías y el *pequeño* café también. Necesita un lugar de precio *razonable* porque al principio va a **ser** *difícil* mantener dos lugares. **Está** *seguro* de que no hay *ningún* lugar *barato* en el centro *comercial*, pero espera encontrar el local *ideal* con la ayuda de sus contactos en Nuevo México.

Paso 2   Ahora, revise las siguientes oraciones o frases tomadas del párrafo del Paso 1. Luego, explique por qué se usa el verbo **ser** o **estar** e indique con una flecha qué sustantivo modifica cada adjetivo como en el modelo.

> MODELO: Diego Ponce es un buen hombre de negocios. →
> Se usa el verbo **ser** porque describe una característica inherente de Diego.

1. Está en el centro de la ciudad cerca del capitolio. _____

   _____

   _____

2. Esta tienda está llena de lindas artesanías de Latinoamérica. _____

   _____

   _____

3. Diego está muy contento con el éxito de «Tesoros». _____

   _____

   _____

4. ...y por eso está pensando abrir... _____

   _____

   _____

5. Busca un lugar que sea bastante grande... _____

   _____

   _____

6. ...porque al principio va a ser difícil mantener dos lugares. _____

   _____

   _____

7. Está seguro de que no hay ningún lugar barato... _____

   _____

   _____

B. Complete las siguientes oraciones con la forma correcta del verbo **ser** o **estar** y los adjetivos apropiados, según el contexto. Preste atención a la concordancia entre adjetivo y sustantivo.

1. Las computadoras que Diego va a necesitar para su cibercafé _____ (ser/estar)

   _____ (caro).

2. Las artesanías que _____ (ser/estar) en la primera sala de «Tesoros»

   _____ (ser/estar) del Perú.

3. La novia de Diego no _____ (ser/estar) contenta con la idea de abrir

   _____ (otro) tienda.

4. Los precios en los lugares que _____ (ser/estar) lejos del centro siempre

   _____ (ser/estar) más _____ (bajo).

5. La nueva exposición de artesanías peruanas del Museo Mexarte, que _____

(ser/estar) cerca de la tienda «Tesoros», _____ (ser/estar) _____

(fabuloso).

❖**C.** Piense en la persona más fascinante que Ud. conoce y complete el siguiente párrafo.

_____[1] es la persona más fascinante que yo conozco. Es

_____,[2] _____[3] y

_____.[4] Siempre está _____[5] y casi nunca

está _____.[6] Vive en un(a) _____[7] que está

en _____.[8] En este momento, probablemente está

_____[9] y _____,[10] si no está

_____.[11]

D. Complete el siguiente párrafo con la forma apropiada del verbo indicado.

La semana pasada, la tienda «Tesoros» estuvo _____[1] (cerrar) a causa de un acto de

vandalismo. El lunes, cuando Diego llegó a abrir la tienda, descubrió que tres ventanas estaban

_____[2] (romper) y había mucho graffiti _____[3] (escribir) en las pare-

des. La caja registradora estaba _____[4] (abrir), aunque los vándalos no pudieron

llevarse nada porque todo estaba _____[5] (guardar) en la caja fuerte. Diego y su asis-

tente Mayra estaban muy _____[6] (sorprender) y llamaron inmediatamente a la poli-

cía. Al final de la semana, los vándalos, tres jóvenes adolescentes _____[7] (descubrir)

por la policía, llegaron para ayudar a limpiar y reparar la tienda. Por fin «Tesoros» está

_____[8] (abrir) de nuevo.

Comparación

icono	meta comunicativa	puntos clave
COMPARAR	Comparación	• la concordancia de género y número • **tan... como, tanto/a/os/as... como** • **más/menos... que**

A. ¿Quién come mejor, Javier o Jacobo?

Paso 1   Lea el siguiente párrafo sobre Javier y su hermano gemelo, Jacobo. Preste atención a las comparaciones en negrita.

Según los parientes de los gemelos, Javier es **tan guapo como** Jacobo, pero Jacobo es **más gordo que** Javier porque Jacobo vive en Puerto Rico cerca de su madre. La esposa de Jacobo es una buena cocinera, pero no **tan buena como** la Sra. de Mercado. Las comidas que prepara la madre de Javier y Jacobo son sabrosísimas. El arroz con pollo de su madre es **el mejor de** toda la Isla. Es riquísimo.

La esposa de Jacobo no tiene **tanto tiempo como** su suegra para cocinar comidas complicadas porque está **más ocupada** con su trabajo **que** la Sra. de Mercado. Por eso, Jacobo y su esposa comen **más de** cuatro veces a la semana en casa de la madre de Javier.

Paso 2 Ahora, busque en el párrafo del Paso 1 ejemplos de los cuatro tipos de comparaciones y escriba cada comparación en la columna indicada. Ya se ha escrito la primera comparación como modelo.

comparación de igualdad	comparación de desigualdad	superlativo	cantidad numérica
tan guapo como			

❖B. Comparaciones Haga comparaciones de igualdad o desigualdad entre los cinco amigos, utilizando las palabras que aparecen a continuación. Si es necesario, repase las descripciones de los cinco amigos que aparecen en el Para empezar del libro de texto.

1. Sergio/Diego: serio _____

_____

2. Laura/Sara: delgado _____

_____

3. Javier/Jacobo: comer _____

_____

4. Cristina/Diego: ambicioso _____

_____

❖C. Más comparaciones Haga cinco comparaciones de igualdad o desigualdad entre Ud. y su mejor amigo/a, utilizando las siguientes palabras u otras que describan mejor a Uds.

alto/a	estudiar	religioso/a
dinero	número de hermanos	¿ ?

1. _____

_____

2. _____

_____

3. _____

_____

4. _____

_____

5. _____

_____

D. Superlativos Haga comparaciones superlativas, utilizando el adjetivo indicado como en el modelo.

MODELO: Súperman / Popeye / el Ratoncito Mickey. (fuerte) →
Súperman es el más fuerte de los tres.

1. George W. Bush / Hillary Clinton / Ralph Nader (conservador) _____

_____

2. Arnold Schwarzenegger / Shaquille O'Neal / Danny DeVito (bajo) _____

_____

3. Cindy Crawford / Cher / Rosie O'Donnell (llamativo) _____

_____

4. Joan Rivers / Jerry Springer / Judge Judy (culto) _____

   _____

5. Bill y Melinda Gates / Bill y Hillary Clinton / mis padres (ambicioso) _____

   _____

❖¡A ESCRIBIR!

En la Plaza Mayor de Madrid   En otro papel o a computadora, describa a la gente y las actividades que se ven en el siguiente dibujo. Incluya descripciones y comparaciones de la gente y del lugar. Puede mencionar de dónde son los estudiantes, cómo están en este momento, qué están haciendo, cómo son diferentes en su apariencia física, su actitud, etcétera.

Antes de empezar, apunte tres sustantivos, tres verbos y tres adjetivos que lo/la ayudarán a elaborar el tema del dibujo.

SUSTANTIVOS	VERBOS	ADJETIVOS
_____	_____	_____
_____	_____	_____
_____	_____	_____

Reacciones y recomendaciones

REPASO DE LOS PUNTOS CLAVE

icono	meta comunicativa	puntos clave
REACCIONAR **R** RECOMENDAR	**Reacciones y recomendaciones**	• el subjuntivo en cláusulas nominales • los mandatos

❖**A. Las relaciones entre Cristina y Diego**

Paso 1   Lea el siguiente párrafo sobre Diego y Cristina. Preste atención al uso del subjuntivo (en negrita) después de ciertas expresiones (en letra cursiva).

Marta, la hermana de Cristina, dice que *es increíble que* su hermana y Diego **sigan** saliendo juntos. Aunque *es obvio que* Diego y Cristina se quieren mucho, Diego dedica demasiado tiempo a su trabajo. A Cristina *le gusta que* Diego **haya tenido** éxito en su trabajo, pero no *le gusta que* él **pase** muchas noches y los fines de semana en la tienda. Marta *sugiere que* Cristina **salga** con otros chicos y **hable** con los amigos de Diego para ver si ellos pueden *convencerlo de que* no **trabaje** tanto. *Es interesante que* Marta se **meta** tanto en la vida privada de su hermana. A Cristina *le molesta que* su hermana le **haga** tantas sugerencias.

Paso 2   Ahora, complete las siguientes oraciones, basándose en el párrafo del Paso 1 y utilizando el subjuntivo cuando sea necesario.

1. Es triste que Diego _____

    _____

2. Es evidente que su trabajo _____

    _____

3. La hermana de Cristina recomienda que _____

    _____

4. Es importante que Cristina y Diego _____

    _____

B. El padre de Laura   Complete el siguiente párrafo con la forma correcta del verbo.

El padre de Laura es un hombre muy compasivo e involucrado en la vida de sus hijos. Claro, a ve-

ces eso está bien, pero otras veces les molesta a sus hijos que su padre _____[1] (ser)

tan entrometido. A Laura, por ejemplo, siempre le da muchos consejos sobre cómo ella debe vivir

su vida. Su padre le aconseja que _____[2] (estudiar) mucho y que

_____[3] (sacar) buenas notas. Teme que Laura _____[4] (viajar) sola

mucho y piensa que algún día el activismo de Laura le _____[5] (poder) traer proble-

mas. No le gusta que Laura _____[6] (salir) con un extranjero, ya que tiene miedo de

que ella _____[7] (irse) a vivir en el Ecuador. Es impresionante que ahora el padre de

Laura _____[8] (parecer) ser tan conservador, ya que antes él mismo estuvo involu-

crado en diversas actividades políticas. Laura cree que su padre no _____[9] (deber)

meterse en su vida, aunque sabe que lo _____[10] (hacer) porque la quiere.

❖**C.** Es normal que nuestros padres (hijos, abuelos,...), amigos y profesores compartan algunas de nuestras opiniones y al mismo tiempo que no estén de acuerdo con otras. Complete las siguientes oraciones.

1. Mis padres quieren que yo _____

_____

2. A mi mejor amigo/a le gusta que _____

_____

3. Me molesta que mis padres (hijos, abuelos, amigos,...) _____

_____

4. Espero que mis profesores _____

_____

D. Secuencia de tiempos: Una conversación por teléfono entre Javier y su madre   Complete el siguiente diálogo con el pretérito o con el pasado de subjuntivo, según el contexto.

JAVIER: ¡Hola, mamá! Te llamo porque creo que tenemos que hablar sobre tu última visita.

Sé que no te gustó que yo _____[1] (mudarse) a Austin y que no

_____[2] (regresar) a Puerto Rico. Pero, espero que después de la visita

entiendas por qué quiero quedarme aquí.

SRA. DE MERCADO: Bueno, hijo, para serte franca, yo no creía que tú _____[3] (estar) bien

allí, viviendo solo y tan lejos de la familia. Pero ahora me doy cuenta de que

_____[4] (tomar) una decisión sabia.[a] Allí tienes buenos amigos y una

vida interesante, pero todavía creo que _____[5] (deber) haber consul-

tado[b] con tu padre y conmigo. Supongo que no pensaste en que tu padre y yo te

_____[6] (ir) a extrañar.

JAVIER: Cuando Jacobo y yo éramos pequeños, no nos gustaba que Uds.

_____[7] (meterse) en nuestra vida ni que _____[8]

(tomar) decisiones por nosotros. Ahora entendemos que lo hacían porque nos

querían. Pero me alegro de que tú _____[9] (darse) cuenta de que

ahora soy adulto y puedo tomar una buena decisión.

[a]*wise*   [b]haber... *have discussed it*

❖**E. Cuando yo tenía siete años...**   Complete las oraciones de manera original, incluyendo el porqué de su repuesta.

Cuando yo tenía siete años...

1. Mi padre quería que yo _____

_____

2. Mi madre me aconsejaba que _____

_____

3. Mis maestros me prohibían que _____

_____

4. Sólo mis abuelos pensaban que _____

_____

5. A mí no me gustaba que mis padres _____

_____

6. Me fastidiaba que mis maestros _____

_____

7. Me encantaba que mis abuelos _____

_____

❖¡A ESCRIBIR!

C
COMPARAR

R
REACCIONAR

RECOMENDAR

La dinámica familiar   En otro papel o a computadora, describa a los miembros de la familia en el dibujo, haga algunas comparaciones entre ellos y finalmente reaccione y dé recomendaciones a tres de las personas.

Antes de empezar, apunte tres sustantivos, tres verbos y tres adjetivos que lo/la ayudarán a elaborar el tema del dibujo.

SUSTANTIVOS	VERBOS	ADJETIVOS
_____	_____	_____
_____	_____	_____
_____	_____	_____

Narración en el pasado

REPASO DE LOS PUNTOS CLAVE

icono	meta comunicativa	puntos clave
PASADO P	Narración en el pasado	• el pretérito • el imperfecto • los tiempos perfectos

A. Laura y Manuel

Paso 1 Lea el párrafo sobre las relaciones sentimentales entre Laura y Manuel. Preste atención al uso del pretérito (en negrita) y del imperfecto (en letra cursiva).

Después de graduarse de la universidad, Laura **se mudó** al Ecuador para trabajar con el Cuerpo de Paz. Cuando **llegó,** *estaba* un poco nerviosa, pero muy pronto **se acostumbró** a la vida andina. Un día mientras *trabajaba,* **vio** en el pasillo a un hombre muy guapo hablando con la directora de la clínica. Esa tarde Laura y Manuel **se conocieron** en una reunión y poco tiempo después **empezaron** a salir juntos. Los dos **pasaron** muchos fines de semana con los padres de Manuel en San Rafael. La casa allí *era* muy linda, *tenía* jardines con rosas y muchas frutas exóticas. Laura *se sentía* tan a gusto con la familia de Manuel que casi *parecía* que *estaba* con su propia familia. Todo *estaba* bien hasta que **terminó** su contrato con el Cuerpo de Paz. Laura **tuvo** que volver a los Estados Unidos y Manuel **tuvo** que continuar su trabajo en el gobierno. Ha sido muy difícil para Laura y Manuel mantener estas relaciones sentimentales a larga distancia. Pero tienen esperanza de verse pronto.

Paso 2 Ahora, apunte los verbos que forman la columna de la historia y los que forman la carne en la tabla a continuación. Después de cada verbo, indique la regla que explique por qué se usa el pretérito o el imperfecto. El primer verbo de cada categoría se ha hecho como modelo.

columna	regla	carne	regla
se mudó	*acción completa*	*estaba*	*descripción de estado sentimental*

columna	regla	carne	regla

❖**B.** Complete las siguientes oraciones con el pretérito o el imperfecto para hablar de su propio pasado.

1. Cuando era adolescente, una vez yo _____

   _____

2. El año pasado, mis padres _____

   _____

3. Al final del semestre pasado, mis amigos y yo _____

   _____

4. Cuando tenía diez años, siempre _____

   _____

C. El caso de Elián González

Paso 1   Complete el párrafo con la forma apropiada del pretérito, del imperfecto o del pluscuamperfecto.

Cuando Elián González _____[1] (salir) de Cuba para los Estados Unidos con su

madre el 21 de noviembre de 1999, no _____[2] (tener) idea de lo que le

_____[3] (ir) a pasar. El pequeño barco en que _____[4] (via-

jar) Elián, su madre y otras once personas, _____[5] (volcarse[a]) y la mayoría de

los viajeros _____[6] (ahogarse[b]). Elián, quien _____[7] (tener)

sólo cinco años, _____[8] (pasar) más de dos días flotando en un tubo en el Mar

Caribe. Lo _____[9] (encontrar) dos pescadores, quienes lo

_____[10] (llevar) a Miami. Allí, sus parientes miamenses, a quienes él nunca

_____[11] (haber conocido), lo _____[12] (buscar) en el hospi-

tal y se lo _____[13] (llevar) a vivir con ellos. De veras

_____[14] (ser) un milagro que lo hubieran encontrado vivo...

[a]*to capsize*   [b]*to drown*

❖**Paso 2**   Conteste las siguientes preguntas, utilizando lo que recuerda sobre el caso de Elián o su imaginación.

1.   ¿Cómo era la vida de Elián en Cuba? _____

_____

2.   ¿Por qué deseaba su madre salir de Cuba? _____

_____

3.   ¿Cómo se sintió Elián cuando se encontró sólo en el mar? _____

_____

4.   ¿Cómo reaccionaron los parientes miamenses de Elián al saber que él estaba en Miami? _____

_____

_____

5.   ¿Cómo cambió la vida de Elián al llegar a Miami? _____

_____

Paso 3   Complete el párrafo con la forma apropiada del pretérito, del imperfecto o del pluscuamperfecto.

Pero las aventuras del pequeño niño no _____[1] (terminar) allí. Resulta que el

padre del Elián no _____[2] (haber querido) que la madre se llevara a su hijo a

Miami y _____³ (querer) que los Estados Unidos le devolvieran a su hijo. Sin

embargo, los parientes miamenses de Elián y la comunidad cubana de Miami

_____⁴ (insistir) en que el niño se quedara en los Estados Unidos. De pronto,

Elián _____⁵ (llegar) a ser el centro de una controversia política internacional.

Mientras el gobierno estadounidense _____⁶ (decidir) qué hacer, Elián

_____⁷ (vivir) con sus primos, _____⁸ (asistir) a una es-

cuela católica y _____⁹ (conocer) una nueva vida. Sus abuelas de Cuba lo

_____¹⁰ (visitar) una vez y por fin su padre _____¹¹ (ir) a

los Estados Unidos para pedir ayuda directamente al gobierno de ese país.

_____¹² (Haber) manifestaciones de parte de los cubanos en Miami y la situa-

ción _____¹³ (volverse) muy tensa. Los parientes de Miami

_____¹⁴ (negarse) a devolverle el niño a su padre y este, lógicamente,

_____¹⁵ (querer) ejercer sus derechos de padre. Por fin, el FBI

_____¹⁶ (tener) que intervenir. Una noche los agentes del FBI

_____¹⁷ (ir) a la casa donde _____¹⁸ (estar) Elián y se lo

_____¹⁹ (llevar) a la fuerza. La comunidad cubana de Miami y los parientes

miamenses de Elián _____²⁰ (quejarse) de que se lo hubieran quitado así.

_____²¹ (Ser) una lástima que las cosas terminaran de esa manera.

❖¡A ESCRIBIR!

Ladrones En otro papel o a computadora, describa lo que les ocurrió a Ana y Luis mientras estaban
de vacaciones el año pasado. Incluya descripciones y comparaciones de la gente y del lugar y cuente lo
que les pasó. Finalmente reaccione y hágales recomendaciones a Ana y Luis.

Antes de empezar, apunte tres sustantivos, tres verbos y tres adjetivos que lo/la ayudarán a elaborar el tema del dibujo.

SUSTANTIVOS	VERBOS	ADJETIVOS
_____	_____	_____
_____	_____	_____
_____	_____	_____

1.   2.   3.

4.    5.

Hablar de los gustos

REPASO DE LOS PUNTOS CLAVE

icono	meta comunicativa	puntos clave
GUSTOS 6	**Hablar de los gustos**	• los verbos como **gustar** • los pronombres de complemento indirecto

A. A Sara le encanta el arte

Paso 1   Lea el párrafo sobre el interés de Sara en el arte mexicano. Preste atención a los usos de los verbos como **gustar** en negrita.

A Sara siempre **le ha encantado** el arte. Ahora que vive en Austin, Texas, ha tenido la oportunidad de conocer el arte de México. A ella **le gusta** que haya muchas exposiciones de arte mexicano en los museos de Austin y **le fascinan** las artesanías mexicanas que Diego tiene en su tienda. **Le interesan** los grabados[1] de José Guadalupe Posada y **le fascina** la vida de Frida Kahlo. Hace un año y medio, la jefa de la emisora de radio donde trabaja Sara quería información sobre la nueva exposición del arte de Posada. Por eso mandó a Sara a entrevistar a la directora del Museo Mexic-Arte. Las calaveras[2] de este artista **le encantan** a Sara y su jefa lo sabía. La entrevista salió en el programa de NPR,[3] *Latino USA* y **les gustó** mucho a todos. ¿Y a Ud. **le interesa** el arte mexicano?

[1]*etchings*   [2]*skulls*   [3]*National Public Radio*

Paso 2   Escriba el sujeto de los siguientes verbos tomados del párrafo del Paso 1.

1. le ha encantado _____

2. le gusta _____

3. le fascinan _____

4. le interesan _____

5. le fascina _____

6. le encantan _____

7. les gustó _____

8. le interesa _____

❖**B. Los gustos y preferencias**   Escoja la información que le parezca apropiada de la segunda y la tercera columnas para formar cinco oraciones sobre los gustos y preferencias de las personas de la primera columna.

Sara	encantar	las reuniones familiares
Diego y Sergio	fascinar	el café
Laura	fastidiar	ir a los clubes
mi mejor amigo/a y yo	gustar	los lunes
Javier	interesar	la gente hipócrita
	molestar	las galletas
		el arte de Posada

1. _____

2. _____

3. _____

4. _____

5. _____

C. Cambie las oraciones para expresar la misma idea, con una de las siguientes expresiones, como en el modelo.

| aburrir | fascinar | interesar |
| dar ganas (de) | importar | preocupar |

MODELO: Siento asco por los perros calientes. →
Me dan asco los perros calientes.

1. Tengo ganas de ir a nadar en el lago. _____

_____

2. Estoy aburrida de las malas noticias que dan cada noche en el noticiero (*newscast*). _____

_____

3. Sergio tiene fascinación por los corridos mexicanos antiguos. _____

_____

4. Laura y Diego tienen mucho interés en los grabados de José Guadalupe Posada. _____

_____

5. Estamos preocupados por Uds. _____

_____

6. Para Sara y Javier, no es importante tener un televisor. _____

_____

D. Los pronombres de complemento directo Conteste las preguntas, reemplazando el complemento directo por el pronombre apropiado como en el modelo.

MODELO: ¿Cuándo prepara el café Javier? (a las 5:00 de la mañana) →
Lo prepara a las 5:00 de la mañana.

1. ¿A qué hora cierra Javier el Café Ruta Maya? (a las 8:00 de la noche) _____

_____

2. ¿Dónde bailan salsa Javier y Laura? (en Calle Ocho) _____

_____

3. ¿Cuándo llama Sara a sus padres? (todos los domingos) _____

_____

4. ¿Invitó Sergio a Uds. a la recepción para Mercedes Sosa? (no) _____

_____

5. ¿Te vio Diego en su tienda ayer? (sí) _____

_____

E. Los pronombres de complemento directo e indirecto combinados   Conteste las preguntas, reemplazando los complementos directo e indirecto por los pronombres apropiados como en el modelo.

MODELO: ¿Quién te dijo esa mentira? (mi vecina) →
Mi vecina me la dijo.

1. ¿Le regaló Diego la pintura a Cristina para su cumpleaños? (sí) _____

_____

2. ¿Cuándo les envió Javier las flores a Sara y Laura? (ayer) _____

_____

3. ¿Quién me dejó este CD de Santana? (tu hermano) _____

_____

4. ¿Les prestó Diego ese libro sobre el arte boliviano a Uds.? (sí) _____

_____

5. ¿Te doy cien dólares? (por supuesto) _____

_____

Hacer hipótesis

REPASO DE LOS PUNTOS CLAVE

icono	meta comunicativa	puntos clave
HIPÓTESIS H	**Hacer hipótesis**	• el pasado de subjuntivo • el condicional

A. Lo que haría Javier si pudiera   Lea el siguiente párrafo sobre los sueños de Javier. Preste atención al uso del pasado de subjuntivo (en negrita) y del condicional (en letra cursiva).

Aunque Javier se siente feliz en Austin, a veces se pone a soñar con los lugares donde *pasaría* tiempo si **pudiera**. Por ejemplo, le *gustaría* comprar un terreno[1] en Puerto Rico cerca de la finca de sus padres. De esta manera *podría* pasar los meses de diciembre y junio con la familia. Su madre *estaría* muy contenta y *dejaría* de presionarlo tanto. Ella siempre ha querido que todos sus hijos vivan cerca de ella. Pero si Javier **se quedara** en Puerto Rico todo el año, *tendría* menos oportunidades profesionales. Por eso *sería* ideal mantener su apartamento en Austin y si **llegara** a ser rico y famoso, *compraría* un condominio en Venezuela también. Si **tuviera** un montón de dinero, *invitaría* a toda su familia y a sus amigos a pasar largas temporadas con él.

[1]plot of land

❖**B.** Escoja a una de las personas famosas y complete el siguiente párrafo.

Si yo fuera (Jennifer López / Enrique Iglesias / Ricky Martin / Shakira), compraría

_____.[1] Para las vacaciones iría a

_____[2] con _____

_____[3] donde nosotros/as _____

_____[4] y/e _____.[5] Si tuviéramos ganas

de hacer algo fascinante, _____.[6] Pero si estu-

viéramos cansados, _____.[7] Seguramente, lo

pasaríamos bien.

❖**C. Mis propios sueños** Ahora pensando en sus propios sueños, complete las siguientes oraciones con la forma apropiada de los verbos y un complemento lógico, según el contexto.

1. Si yo pudiera conocer a cualquier persona famosa, _____ (escoger) a

_____ porque _____

_____

2. Si quisiera regalarle a esta persona algo especial, le _____ (dar)

_____ porque _____

_____

3. Si fuera un buen amigo / una buena amiga de esta persona, le recomendaría que

_____ porque _____

_____

D. ¿Condicional o pasado de subjuntivo? Complete la conversación entre Cristina y Sara con la forma apropiada del verbo.

CRISTINA: Ay, Sara, necesito tus consejos. Quiero mucho a Diego, pero me preocupan nuestras relacio-

nes. Si Diego y yo _____[1] (pasar) más tiempo juntos, no me preo-

cuparía tanto por él. Si él no trabajara tanto, nosotros _____[2]

(poder) ir a conciertos, al teatro, al cine, o simplemente pasear por el parque como hacíamos

antes. Ahora, está pensando comprar otra tienda. Si él la comprara, no sé cómo nosotros

_____[3] (hacer) para estar juntos.

SARA: Si yo _____[4] (ser) tú, Cristina, _____[5]

(hablar) con Diego para tratar de convencerlo de que buscara otros ayudantes. Si tú lo

_____[6] (convencer), seguramente tendrían más tiempo para estar

juntos.

CRISTINA: Pero, ¿cómo? Si _____[7] (haber) más empleados, ¿no tendría más

responsabilidades Diego?

SARA: No necesariamente. Si los empleados fueran muy responsables, ellos

_____8 (encargarse) de más asuntos de la tienda. Si Diego viera

que las cosas pueden funcionar sin él, a lo mejor _____9 (tomarse)

uno o dos días libres por semana. Incluso, si él _____10 (decidir)

tomar una semana de vacaciones, Uds. podrían ir a la playa.

CRISTINA: Bueno, lo intentaré. La verdad es que si Diego fuera menos trabajador nosotros

_____11 (hacer) mucho más juntos. Y si fuera menos testarudo, ¡me

_____12 (escuchar) más!

❖E. Complete las siguientes oraciones de manera original.

1. Si yo tuviera más dinero y tiempo, _____

_____

Si pudiera viajar a cualquier lugar, _____

_____

2. Esta universidad sería perfecta si _____

_____

Todos los estudiantes celebrarían si _____

_____

3. Si Laura viviera en el Ecuador, _____

_____

Diego y Cristina se casarían si _____

_____

Hablar del futuro

REPASO DE LOS PUNTOS CLAVE

icono	meta comunicativa	puntos clave
FUTURO	**Hablar del futuro**	• el futuro • el subjuntivo en cláusulas adverbiales

❖A. **Los planes para Ruta Maya**

Paso 1 Lea el siguiente párrafo sobre algunos de los planes que tienen Marisol y Sean para Ruta Maya en los próximos meses. Preste atención al uso del futuro (en negrita) y del presente de subjuntivo (en letra cursiva).

MARISOL: En enero **pondremos** unos nuevos cuadros pintados por los niños de Chiapas. Estos cuadros **llegarán** a finales de diciembre. Cuando *lleguen* los cuadros, Laura y Sara nos **ayudarán** a colgarlos[1] en las paredes. En febrero, Tish Hinojosa **dará** un concierto en la universidad y cuando *termine*, **pasará** una hora en Ruta Maya. La clientela **estará** muy contenta con los cambios y eventos que tenemos planeados.

[1]*hang them*

Paso 2   Ahora, complete las siguientes oraciones, indicando lo que Ud. cree que pasará en cada situación.

1. Cuando pongan los cuadros de los niños de Chiapas, los clientes _____

    _____

2. Cuando Marisol y Sean necesiten ayuda con los cuadros, Laura y Sara _____

    _____

3. Tan pronto como Tish termine su concierto, _____

    _____

❖**B.**   Complete las siguientes oraciones, indicando lo que Ud. hará en cada situación.

1. Después de que yo termine mis estudios, _____

    _____

2. Cuando tenga 50 años, _____

    _____

3. En cuanto hable mejor el español, _____

    _____

4. Cuando lleguen las vacaciones, _____

    _____

5. Tan pronto como pueda, yo _____

    _____

C.   El futuro para expresar probabilidad   Indique cómo se sentirán las siguientes personas en su opinión. Use el futuro para expresar probabilidad y trate de incorporar el vocabulario indicado sobre las emociones.

1. Sara dejó plantada a Laura. Iban a ir juntas a un concierto de Santana, pero a Sara se le olvidó y salió del apartamento con las entradas en la mochila. (asqueado/a, nostálgico/a, rabioso/a)

    Laura _____

2. Antes, Diego tenía relaciones muy estrechas con su hermana, pero con la distancia y las ocupaciones de cada uno, ahora casi ya no se ven ni se hablan. (apenado/a, confundido/a, halagado/a)

    Diego _____

3. Un ex novio de Cristina vio a Cristina y Diego bailando juntos en Calle Ocho. (cauteloso/a, celoso/a, perdido/a)

    El ex novio _____

4. La mamá de Javier y Jacobo siempre se queja de que sus hijos vivan tan lejos. (apasionado/a, deprimido/a, harto/a)

   Javier y Jacobo _____

D. Ud. está encargado/a de escribir un manual de consejos para los estudiantes nuevos de esta universidad. Conjugue el verbo indicado y complete la oración de manera original, usando un mandato como en el modelo.

> MODELO: Cuando _____ (ocupar) tu cuarto en la residencia, _____ →
> Cuando ocupes tu cuarto en la residencia, arréglalo bien antes de empezar las clases.

1. Antes de que _____ (ir) a tu primera clase, _____

   _____

2. Cuando tu compañero/a de cuarto _____ (hablar) por los codos, _____

   _____

3. Para que _____ (llevarse) bien con tu compañero/a de cuarto, _____

   _____

4. En caso de que _____ (extrañar) a tus padres y amigos, _____

   _____

5. A menos que _____ (odiar) a tus profesores, _____

   _____

6. Tan pronto como _____ (sentirse) deprimido/a, _____

   _____

7. Después de que _____ (conocer) a tu consejero, _____

   _____

CAPÍTULO 4

PRÁCTICA ESCRITA

Vocabulario del tema

A. Lo contrario Escriba la letra de la palabra o expresión de la Columna B que corresponda a la palabra o expresión opuesta de la Columna A.

COLUMNA A

1. _____ posponer
2. _____ moderado/a
3. _____ una persona fiestera
4. _____ sacarse el aire
5. _____ ahorrar
6. _____ disminuir
7. _____ renovado/a
8. _____ agotado/a
9. _____ desvelarse
10. _____ reírse a carcajadas

COLUMNA B

a. estar de mal humor
b. relajarse
c. aumentar
d. quemado/a
e. acostarse temprano
f. ponerse al día
g. descansado/a
h. un aguafiestas
i. gastar
j. extravagante

B. ¿Cierto o falso? Lea cada oración e indique si es cierta (C) o falsa (F). Luego, escriba una oración para explicar por qué.

                   C   F

1. Si un empleado nunca se pone al día, su jefe debe regañarlo.   ☐ ☐

_____

2. Si una persona quiere tener éxito, debe estar dispuesta a sacarse el aire.   ☐ ☐

_____

 In the interactive *CD-ROM to accompany Punto y aparte*, you will find additional practice with the vocabulary, grammar, and culture in this chapter.

3. Es muy agradable pasar un fin de semana en la playa con un aguafiestas.   ☐   ☐

_____

4. Una persona que está agotada debe posponer sus obligaciones y entretenerse más.   ☐   ☐

_____

5. Una persona que se desvela con frecuencia es menos productiva por estar quemada.   ☐   ☐

_____

❖C. **Oraciones compuestas**   Escriba un comentario sobre cada una de las tres palabras a continuación. Use dos verbos y un conector de la siguiente lista en cada comentario.

>   MODELO: la tecnología →
>   La tecnología nos puede ayudar a realizar nuestros proyectos. Sin embargo, también puede aumentar el estrés.

VERBOS		CONECTORES	
aliviar	mejorar	además	por otro lado
aprovechar(se) (de)	realizar	para que	sin embargo
aumentar	reírse a carcajadas	por eso	ya que
disminuir	relajarse	por lo tanto	
entretenerse			

1. el estrés _____

_____

2. los chismes _____

_____

3. las bromas _____

_____

❖D. **Definiciones**   Escriba una definición en español para cada una de las siguientes palabras.

1. la resaca _____

2. el bienestar _____

3. ponerse al día _____

4. cargar las pilas _____

E. **El proyecto de Sergio**   Complete el siguiente párrafo con la forma correcta de la palabra más apropiada.

Aunque me conocen por ser muy fiestero y trabajar mucho por la noche, me encanta

_____[1] (madrugar/charlar) para hacer planes por la mañana. Este mes mi proyecto

especial es mi primo Diego. Es importante que Diego _____[2] (disminuir/aumentar)

el número de horas que dedica a su tienda para que tenga más tiempo para _____[3] (desvelarse/aprovechar) la vida cultural de esta gran ciudad. Voy a recomendarle a Diego que

_____[4] (realizar/posponer) la apertura[a] de una nueva tienda. Aunque es verdad que

Diego ha sido muy _____[5] (animado/exitoso) en su negocio, es muy importante que

piense un poco en su tiempo _____[6] (vago/libre) y en cómo puede disfrutar de la

vida. ¿Está Ud. de acuerdo en que sería más _____[7] (saludable/satisfecho) que

Diego se relajara un poco?

[a]*opening*

Puntos clave

> **Pista caliente**   If you find you are having difficulty with a particular grammar point, review the appropriate grammar explanation(s) found in the green pages near the back of the main text.

PRACTICA DE FORMAS VERBALES

A. Práctica de conjugación   Complete la siguiente tabla con las conjugaciones apropiadas de los verbos indicados.

	presente de indicativo	pretérito/ imperfecto	presente perfecto	futuro/ condicional	presente de subjuntivo	pasado de subjuntivo
1. **desvelarse (yo)**						
2. **madrugar (nosotros)**						
3. **realizar (ella)**						
4. **posponer (Uds.)**						
5. **cargar (yo)**						
6. **reírse (i, i) (tú)**						

B. Traducciones Traduzca las siguientes oraciones. Recuerde utilizar los pronombres de complemento directo e indirecto siempre que sea posible.

MODELOS: Get up (**tú**). → Levántate.
Don't get up (**tú**). → No te levantes.
I'm writing to her. → Le estoy escribiendo. / Estoy escribiéndole.
We want to send it (**el paquete**) to you (**Ud.**). →
Se lo queremos enviar. / Queremos enviárselo.
She had already left when I arrived. → Ella ya se había ido cuando llegué.

1. They have a good time. _____

2. They are having a good time. _____

3. They had a good time. _____

4. They used to have a good time. _____

5. They have had a good time. _____

6. Before the party started, they had already had a good time. _____

_____

7. They will have a good time. _____

8. They would have a good time. _____

9. It's good that they (are going to) have a good time. _____

_____

10. It was good that they had a good time. _____

_____

11. Have a good time (**tú**). _____

12. Don't have a good time (**Uds.**). _____

13. Let's have a good time. _____

LOS PUNTOS CLAVE PRINCIPALES: HABLAR DE LOS GUSTOS

Gustar y otros verbos parecidos

A. Los intereses Complete las siguientes oraciones con el pronombre y el verbo apropiados según el contexto.

1. ¿A ti _____ (gustó / gustaron) la última película de Almodóvar?

2. A mí _____ (gustaba / gustaban) escaparme de casa por la noche cuando era

adolescente.

3. A Sergio _____ (encanta / encantan) las fajitas *tex-mex*.

4. A Sara la comida picante _____ (resulta / resultan) imposible de comer.

5. A Javier _____ (fascina / fascinan) las diversas culturas de Latinoamérica.

6. A los padres de Diego _____ (preocupa / preocupan) la vida de su hijo.

7. A nosotros _____ (da/dan) igual que ella asista a la fiesta o que se quede en

casa.

B. Los amigos Escriba oraciones completas según las indicaciones, añadiendo sus opiniones al final de cada oración.

1. Laura / emocionar / los conciertos de Mercedes Sosa _____

_____ y creo que

_____

2. Sara y Laura / gustar / el café con leche y las galletas de chocolate, _____

_____ , pero no creo que

_____

3. Diego / hacer falta / tener más tiempo libre _____

_____ y me parece que

_____

4. Cristina / molestar / la dedicación de Diego al trabajo _____

_____ , por eso dudo que

_____

5. Sara / interesar / entrevistar a Steven Spielberg _____

_____ , pero ella no cree que

_____

❖**C. Entre amigos** Escriba oraciones completas según las indicaciones. Siga el modelo.

MODELO: Manuel / (no) encantar / Laura →
A Manuel le encanta que Laura le escriba cartas de amor.

1. yo / (no) gustar / mi mejor amigo/a

_____

2. mi profesor(a) / (no) encantar / yo

_____

3. Cristina / (no) molestar / Diego

_____

4. Sara / (no) dar igual / Laura

_____

5. la Sra. de Mercado / (no) preocupar / Javier

_____

Los pronombres de complemento directo e indirecto

A. ¡A bailar! Escriba el pronombre de complemento directo o indirecto apropiado en cada espacio en blanco. **¡OJO!** La mitad (*Half*) de los espacios van a permanecer (*remain*) en blanco.

A Javier y a Laura _____[1] encanta _____[2] bailar salsa y merengue,

dos tipos de baile que se originaron en el Caribe. Pero el año pasado,

cuando ofrecieron una clase de tango en la universidad, decidieron

_____[3] tomar _____.[4] A ellos siempre _____[5] había interesado

_____[6] el tango y era una buena oportunidad para aprender a

_____[7] bailar _____.[8] A Javier _____[9] preocupaba _____[10] no poder asimilar el

ritmo sensual del tango. Sin embargo, después de _____[11] escuchar _____[12] varias veces,

_____[13] pareció _____[14] natural. A Laura _____[15] fastidiaba _____[16] que todos

los hombres, menos Javier, bailaran mal, y por eso no _____[17] quería _____[18] como pareja.

Pero para no ser mal educada, _____[19] sonreía _____[20] y aceptaba sus invitaciones a bai-

lar. Después de cinco semanas de clases, Javier y Laura salieron a bailar con Cristina y Diego y

_____[21] mostraron _____[22] lo que habían aprendido.

❖**B. En su tiempo libre** Conteste las siguientes preguntas personales. En cada respuesta, sustituya el pronombre que corresponda al complemento directo de la pregunta. **¡OJO!** Algunas respuestas tienen complementos directos e indirectos.

> MODELO: ¿En qué momentos le gusta ver películas chistosas? →
> Me gusta verlas cuando estoy de mal humor y quiero reírme mucho.

1. ¿Cómo mantiene Ud. el bienestar físico y mental?

   _____

2. ¿Qué hace para realizar sus metas?

   _____

3. Para pasar un fin de semana de maravilla, ¿qué hace Ud.?

   _____

4. ¿Cuál es el mejor momento para pedirle un aumento (*raise*) a su jefe?

   _____

5. ¿Cuándo les pide dinero a sus amigos?

   _____

C. Los conectores y los pronombres Use un conector de la siguiente lista para unir cada par de ora-ciones. Para evitar la repetición, sustituya el pronombre que corresponda al complemento directo de la segunda parte de su oración.

además	pero	por otro lado	y
así que	por eso	puesto que	ya que
como	por lo tanto	sin embargo	

MODELO: Necesito un trabajo nuevo. Voy a empezar a buscar un trabajo nuevo mañana mismo. →
Necesito un trabajo nuevo, así que lo voy a buscar mañana.

1. Tengo un problema que necesito comentar con mi profesor.
Podemos comentar el problema en nuestra reunión mañana.

_____

_____

2. Me encanta la música caribeña.
Escucho música caribeña todas las noches.

_____

_____

3. Después de establecer una meta grande me siento ansiosa.
Establezco metas pequeñas para poder realizar una meta grande.

_____

_____

4. El desempleo es un problema grave hoy en día.
El gobierno quiere hacer todo lo posible para eliminar el desempleo.

_____

_____

Opiniones

A. Reacciones, opiniones y recomendaciones Lea cada oración y luego llene los espacios en blanco con la forma apropiada del verbo.

1. Diego tiene mucha energía y no le importa desvelarse.

REACCION: Es increíble que _____ (tener) tanta energía.

OPINION: Creo que _____ (deber) descansar un poco más.

RECOMENDACION: Sugiero que Diego _____ (dormir) más entre semana.

2. A muchos de sus compañeros de clase les sorprende que Laura salga a bailar tan frecuentemente porque parece ser muy estudiosa.

REACCION: Es curioso que Laura _____ (pasar) su tiempo libre bailando en los clubes de Austin.

OPINION: Dudo que _____ (bailar) más de dos veces a la semana.

RECOMENDACION: Recomiendo que Laura _____ (seguir) bailando para mantener el equilibrio en su vida.

3. A veces Javi gasta el dinero de manera extravagante.

    REACCION: Es preocupante que Javi _____ (tener) la tendencia de

    gastar dinero de manera extravagante.

    OPINION: No creo que _____ (gastar) tanto dinero.

    RECOMENDACION: Sugiero que _____ (guardar) cierta cantidad de dinero

    para cosas extravagantes.

4. A Sara le fascinan las computadoras aunque le molesta leer el instructivo (*instruction manual*) de los nuevos programas.

    REACCION: ¡Qué bueno que Sara _____ (estar) tan interesada en la

    tecnología!

    OPINION: Me parece que _____ (deber) tomar otra clase sobre los

    nuevos programas.

    RECOMENDACION: Le aconsejo que le _____ (pedir) ayuda a un colega.

5. A Sergio le encanta conocer a la gente del mundo de la música internacional.

    REACCION: ¡Qué padre que Sergio _____ (tener) una personalidad

    extrovertida!

    OPINION: Supongo que _____ (haber escogido) la carrera

    perfecta para su personalidad.

    RECOMENDACION: Recomiendo que no _____ (beber) demasiadas bebidas

    alcohólicas cuando trabaja con los conjuntos musicales hasta la madrugada.

    Es una tentación peligrosa en su profesión.

B. Secuencia de tiempos   Llene los espacios en blanco con el verbo apropiado. Estudie los siguientes ejemplos antes de empezar.

Creo que corre mucho.   No creo que corra mucho.
Creo que ha corrido mucho.   No creo que haya corrido mucho.
Creo que corrió/corría mucho. No creo que corriera mucho.

Creía que había corrido.   No creía que hubiera corrido.
Creía que corrió/corría.   No creía que corriera.

1. Sus amigos piensan que Diego trabaja demasiado.

    No pienso que Diego _____ demasiado.

    Pensaba que Diego _____ demasiado.

    No pensaba que Diego _____ demasiado.

    Suponía que Diego _____ demasiado.

2. Dicen que Sara ha comprado un billete de primera clase para volver a España.

    Me parece que Sara _____ un billete caro.

Dudo que Sara _____ un billete caro.

Creía que Sara _____ un billete económico.

No creía que Sara _____ un billete caro.

3. Javier ha corrido dos maratones.

Creo que Javier _____ todos los días.

No pienso que Javier _____ todos los días.

Pensaba que Javier _____ sólo un maratón.

No creíamos que Javier _____ maratones.

C. Más gustos Lea la oración y luego cámbiela según el modelo.

MODELO: Me gustan las margaritas que sirven en Chuy's (un club en Austin). →
    a. Me gusta que sirvan buenas margaritas en Chuy's.
    b. Me gustó que sirvieran buenas margaritas en Chuy's.

1. Nos encanta la música que tocan en Ruta Maya esta semana.

    a. _____

    _____

    b. _____

    _____

2. A Sara le fascinan las clases de literatura que ofrecen en la Universidad de Texas.

    a. _____

    _____

    b. _____

    _____

3. No me gustan los verbos irregulares que tenemos que memorizar.

    a. _____

    _____

    b. _____

    _____

4. A los dueños de Ruta Maya les emocionan los eventos que atraen a personas activas en la política de la ciudad.

    a. _____

    _____

    b. _____

    _____

5. Me encantan los cuadros que han puesto en las paredes de Ruta Maya.

a. _____

_____

b. _____

_____

LOS OTROS PUNTOS CLAVE

A. Descripción Complete el siguiente párrafo con la forma apropiada de cada palabra. Cuando **ser** y **estar** aparezcan juntos, escoja el verbo apropiado y conjúguelo según el contexto. Para cada verbo entre paréntesis que no sea **ser** ni **estar,** escriba la forma apropiada del participio pasado como adjetivo.

Según el artículo «La vida anti estrés», _____[1] (escribir) por una investigadora

_____[2] (renombrar), las presiones de la vida _____[3] (moderno) son

_____[4] (negativo) no sólo para el trabajador sino también para su familia. Además,

las mujeres se sienten más _____[5] (agotar) que los hombres. Su vida

_____[6] (ser/estar) _____[7] (agobiante) porque tienen

_____[8] (mucho) responsabilidades. Sin embargo, su estado de ánimo puede mejorar

si reservan el tiempo _____[9] (adecuado) para _____[10] (ser/estar) con

la familia y relajarse.

❖B. Comparación Haga comparaciones entre su vida como estudiante de secundaria y su vida como estudiante universitario/a. Use los verbos indicados.

MODELO: reunirse →
En la escuela secundaria me reunía con los amigos más que en la universidad.

1. sacarse el aire _____

_____

2. gastar dinero _____

_____

3. relajarse _____

_____

4. madrugar _____

_____

❖C. Reacciones y recomendaciones Imagínese que Ud. es psicólogo/a y está trabajando con una ejecutiva muy estresada. Haga recomendaciones para que ella pueda disfrutar más de la vida. Use varios verbos y/o expresiones para darle consejos.

MODELO: Le aconsejo que pase más tiempo divirtiéndose con sus colegas.

1. _____

2. _____

3. _____

4. _____

PASADO
P

❖**D. Narración en el pasado**

Paso 1 Mire los siguientes dibujos que muestran lo que pasó en «Tesoros» un día cuando Diego estaba enfermo. Apunte los verbos que forman «la columna» de su historia y los verbos que describen «la carne».

1.   2.   3.

4.   5.

Palabras útiles: apagar (*to put out*), estallar (*to break out*), ponerse (*to try on*); el incendio (*fire*), las joyas (*jewelry*)

LA COLUMNA   LA CARNE

_____   _____

_____   _____

_____   _____

_____   _____

_____   _____

Paso 2 Con los verbos que Ud. apuntó en el Paso 1, escriba en otro papel o a computadora una narración de lo que pasó.

HIPÓTESIS
H

❖**E. Hacer hipótesis** Imagínese que Ud. está hablando con un amigo muy fiestero. Complete las siguientes oraciones para decirle cómo cambiaría su vida si se dedicara más a los estudios y al trabajo.

1. Si no pospusieras la tarea siempre, _____

2. Si _____,

   no perderías tanto tiempo.

3. Si estuvieras más dispuesto a trabajar, _____

4. Si _____,

   no te desvelarías la noche antes de un examen.

5. Si no gastaras tanto dinero en bebidas alcohólicas, _____

   _____

6. Si _____,

   _____

❖F. **Hablar del futuro**

Paso 1   Describa cómo serán los siguientes aspectos del trabajo en el futuro.

1. las computadoras _____

   _____

   _____

2. las oficinas _____

   _____

   _____

3. el horario de trabajo _____

   _____

   _____

4. la acción afirmativa _____

   _____

   _____

Paso 2   Ahora, conteste las siguientes preguntas con oraciones completas.

1. ¿Cómo festejará Ud. el día de su graduación?

   _____

2. Después de graduarse, ¿cómo cambiará su vida?

   _____

3. La próxima vez que tenga un fin de semana de tres días, ¿qué hará?

   _____

G. **Traducción**   Traduzca las siguientes oraciones al español.

1. Sara had a bad time last night because her friend Pepe was in a bad mood and he behaved like
   a party pooper.

   _____

   _____

2. I would stay up all night if I had to prepare for an important exam.

_____

_____

❖Reciclaje del vocabulario y los puntos clave

Escriba una oración para cada meta comunicativa sobre cómo sería estar de vacaciones con esta familia. Puede basarse en la tira cómica o puede usar sus propias ideas. Use una palabra de la lista en cada oración. Tres de las ocho oraciones deben ser preguntas.

agobiado/a	discutir	odiar
la armonía	extrañar	rabioso/a
el bienestar	hablador(a)	relajarse
cursi	harto/a	

DESCRIBIR
D

1. descripción: _____

_____

COMPARAR
C

2. comparación: _____

_____

_____

REACCIONAR
R
RECOMENDAR

3. reacción: _____

_____

REACCIONAR
R
RECOMENDAR

4. recomendación: _____

_____

PASADO
P

5. narración en el pasado: _____

_____

GUSTOS
G

6. hablar de los gustos: _____

_____

HIPÓTESIS
H

7. hacer hipótesis: _____

_____

FUTURO
F

8. hablar del futuro: _____

_____

❖LOS PUNTOS CLAVE EN CONTEXTO

El contexto   A los amigos les encanta bailar en la «salsateca» Calle Ocho. Use su imaginación para hablar sobre la noche en que Diego y Cristina fueron a bailar con los otros amigos.

Paso 1   Escriba dos o tres oraciones para cada una de las siguientes situaciones.

DESCRIBIR
D

1. Describa el ambiente de Calle Ocho. ¿Cómo es la música? ¿la clientela? ¿Qué tipos de baile se bailan allí?

2. Haga una comparación entre Calle Ocho y un café como Starbuck's.

_____

_____

_____

_____

3. Dé su reacción a la popularidad del lugar y a la popularidad de la música y el baile hispanos (como la cumbia, el merengue, la salsa y el tango).

_____

_____

_____

4. Imagínese lo que pasó la noche en que Cristina y Diego fueron a Calle Ocho. ¿Bailaron? ¿Charlaron? ¿Bailaron juntos Laura y Javier?

_____

_____

_____

_____

5. ¿Qué tipo de música le gusta escuchar cuando Ud. sale con sus amigos? ¿Por qué? ¿Qué tipo de música le molesta? ¿Por qué?

_____

_____

_____

_____

6. Si Ud. pudiera tomar clases de baile, ¿qué tipo de baile estudiaría? ¿Qué le gustaría hacer después de que terminaran las clases?

_____

_____

_____

_____

FUTURO

7. ¿Qué pasará la próxima vez que los amigos salgan a bailar? ¿Adónde irán? ¿Quién bailará con quién?

_____

_____

_____

_____

Paso 2 Combine la información del Paso 1 para escribir en otro papel o a computadora una composición coherente sobre la experiencia de los amigos en la Calle Ocho. Su composición debe tener un comienzo, desarrollo y final lógicos y debe usar conectores.

❖Rincón cultural

¿QUE SIGNIFICA PARA MI SER ARGENTINA?

Paso 1: Habla Carolina Lea la siguiente explicación de qué significa para Carolina ser argentina.

Mi país posee un territorio bastante extenso que abarca[1] distintas zonas geográficas; esas regiones se caracterizan por diferentes climas y costumbres. Tal variedad dificulta hablar de un argentino típico. Sin embargo, existen ciertos hábitos y gustos que nos diferencian de otros hispanos y que facilitan que se nos reconozca como miembros de una misma nación.

En cuanto a nuestras preferencias y costumbres, hay ciertas bebidas y comidas que, a pesar de su simpleza, se han transformado en verdaderos símbolos nacionales. El asado[2] y el mate son buenos ejemplos.

Cualquier ocasión sirve de pretexto para organizar asados. Por lo general, se necesitan varias horas para preparar un buen fuego y disfrutar de la comida. El olor del carbón es tan especial que a mí me abre el apetito cada vez que algún vecino está asando carne.

El mate es una infusión parecida al té, pero que se toma en un recipiente especial, también llamado mate, y con una bombilla.[3] El mate es como la pipa de paz: Sirve para crear amistades y conservarlas. No hay nada más espontáneo que conversar con amigos entre mate y mate. Como ambas cosas demandan mucho tiempo y son importantes para socializar, pueden considerarse como pasatiempos para la gente de cualquier edad.

La vida nocturna nos brinda otra oportunidad de reunirnos con nuestros amigos. Comúnmente, se comienza la noche tomando café en los bares a la espera de que abran las discotecas, cosa que sucede a las dos de la madrugada. El baile dura hasta las siete de la mañana, justo la hora de desayunar café con leche y medialunas.[4]

Aunque estas salidas son sólo frecuentes entre los jóvenes, el mate y el asado son los nexos que me unen a otros compatriotas de todas las edades. Tal vez haya gente que valorice[5] otras cosas al referirse a lo argentino, pero, para mí, esto es lo más simbólico de mi país de origen.

[1]*includes* [2]*roast* [3]*straw with a bulbous tip* [4]*croissants* [5]*value*

ACCIONAR R ECOMENDAR

Paso 2 Ahora en otro papel o a computadora, conteste las preguntas o siga las indicaciones a continuación.

1. Según Carolina, ¿cuáles son dos cosas que distinguen a los argentinos de otros hispanos?
2. ¿Por qué son tan importantes para la cultura argentina esas dos cosas?
3. Por lo que dice Carolina, si Ud. fuera a caracterizar a los argentinos, ¿qué adjetivos utilizaría?
4. ¿Qué olores le traen recuerdos a Carolina? ¿Por qué?

5. Carolina dice que el mate y el asado sirven para reunir a la gente y crear amistades. ¿Qué cosas tienen el mismo propósito en la cultura norteamericana?

6. Escriba dos reacciones a lo que dice Carolina sobre lo que significa para ella ser argentina.

7. Si Ud. pudiera hacerle dos preguntas a Carolina sobre la Argentina y su cultura, ¿qué le preguntaría?

❖Portafolio de lecturas

Busque y lea otro artículo sobre el país que escogió en el Portafolio de lecturas del Capítulo 1. Luego, complete un formulario como el que está en el apéndice sobre el artículo.

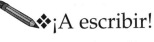

❖¡A escribir!

Una reseña Mire una película que trate del baile en el mundo hispano. Luego en otro papel o a computadora, escriba una reseña de esa obra que incluya por lo menos tres de las siguientes metas comunicativas.

1. Describa a un personaje interesante de la película.

2. Compare a dos o más personajes de la película.

3. ¿Cómo reaccionó Ud.?

4. ¿Qué pasó en una escena clave?

5. ¿Qué le gustó y qué le molestó de la película o de algún personaje?

6. Si Ud. fuera el director / la directora, ¿qué cambiaría de la película?

7. ¿Cómo se recibirá esa película en su comunidad? ¿Cuáles son las partes que les gustarán y cuáles son las partes que les molestarán a las personas de su comunidad?

Debe usar los conectores apropiados para darle la coherencia necesaria al artículo. A continuación se sugieren algunas películas:

Assassination Tango	*El día que me quieras*	*Mambo Kings*
Buena Vista Social Club	*Evita*	*Strictly Ballroom*
Carmen	*Imagining Argentina*	*Tango*

Prueba diagnóstica: Capítulos 3 y 4

Paso 1   Escoja la(s) palabra(s) apropiada(s) según el contexto. (15 puntos)

1. Sus amigos quieren que Diego _____ las pilas de vez en cuando.

   a. cargará   b. cargue   c. carga

2. Si Diego no se _____ tanto por su tienda, se divertiría más.

   a. preocuparía   b. preocupaba   c. preocupara

3. A Cristina _____ molesta _____ de su hermanastro.

   a. le / la actitud   b. se / los chistes   c. le / las bromas

4. Sergio _____ muy cansado cuando Laura lo _____ para invitarlo a cenar.

   a. estuvo/llamó   b. estaba/llamó   c. estaba/llamaba

5. Hasta que Diego _____ más, sus amigos no dejarán de fastidiarle por su adicción al trabajo.

   a. descansara   b. descansa   c. descanse

6. Si _____ estado en casa, _____ visto ese programa en la televisión.

   a. habrías/hubieras   b. hubieras/habrías   c. habías/habrías

7. Sergio bebe tanto café _____ Sara, pero come más _____ ella.

   a. como/que   b. que/como   c. como/de

8. A Laura _____ preocupan _____ que existen en Latinoamérica.

   a. le / el analfabetismo   b. se / los problemas   c. le / los problemas

9. Manuel y Laura _____ muy enamorados, aunque no se ven con frecuencia.

   a. son   b. estaban   c. están

10. Mientras Laura _____ la sopa, Sara _____ la casa.

   a. preparaba/limpiaba   b. preparaba/limpió   c. preparó/limpiaba

11. Es bueno que las personas _____ de los problemas que les preocupan.

   a. hablen   b. hablarán   c. hablan

12. Hay más _____ veinticinco espectáculos de gran calidad que tienen lugar aquí cada año.

   a. que   b. de   c. como

13. Tan pronto como _____ al rancho, todos _____ de buen humor.

   a. llegan/estarían   b. lleguen/estarán   c. lleguen/estarían

14. El espectáculo _____ en el nuevo teatro esta noche y todavía _____ algunas entradas disponibles (*available*).

   a. está/hay   b. es/son   c. es/hay

15. Cuando Diego _____ a Austin, no _____ a mucha gente.

   a. se mudaba / conocía   b. se mudó / conoció   c. se mudó / conocía

Paso 2 Llene los espacios en blanco con el artículo definido o indefinido o la forma apropiada de la palabra indicada, según el contexto. (7 puntos)

1. _____ temas que tratan los periódicos son muy _____ (variado).

2. Aunque Diego tiene _____ actitud muy positiva, a veces se siente un poco deprimido.

3. Cuando los amigos fueron al rancho, _____ agua del lago estaba demasiado _____ (frío) para nadar.

4. _____ vacaciones en la playa son relajantes y _____ (beneficioso) para el estado de ánimo.

Paso 3 Traduzca la siguiente oración al español. (3 puntos)

Latin American music fascinates Sergio as much as it fascinates his father.

_____

_____

CAPITULO 4

PRACTICA ORAL

❖Trabalenguas

Lea y escuche las siguientes oraciones. Va a oírlas dos veces. Repita cada una después de oírla la segunda vez.

1. A Elena **le encantan** las exposiciones del pintor ecuatoriano Gonzalo Endara Crow.
2. **A** Imelda no **le importan** ni la inquietud de los indígenas ni el incremento de la inmigración.
3. **A** Sara **le encanta** el estreno de cualquier espectáculo extranjero en los Estados Unidos.
4. **A** Sergio y a Javier **les fascina** la idea de usar la terapia musical contra el estrés.
5. **A** los aguafiestas **les aburren** las actividades que animan cualquier fiesta.

María Metiche

Escuche lo que dice María de lo que ocurrió el fin de semana pasado cuando todos estuvieron en el rancho. Luego, escriba cuatro oraciones para explicar qué hicieron los amigos en el rancho y tres más para describir cómo se sentían Diego, Cristina, Sara y Laura durante el fin de semana. Recuerde que María va a usar el pretérito para marcar el avance de la acción y el imperfecto para hacer descripciones de fondo.

Palabras útiles: la barbacoa (*barbeque*), llover a cántaros (*to rain* [*come down in*] *buckets*)

¿Qué hicieron los amigos en el rancho?

1. _____
2. _____
3. _____
4. _____

¿Cómo se sentían?

5. _____
6. _____
7. _____

Vocabulario del tema

Va a escuchar una serie de oraciones. Va a oír cada oración dos veces. Empareje cada oración que oiga con la afirmación escrita más apropiada. (Las respuestas se dan en el CD.)

Palabras útiles: tener palanca (*to have connections, know the right people*)

    a. Es necesario ser capaz y estar dispuesto a trabajar muy duro.
    b. Las bromas y los chistes le encantan.
    c. Muchos van a dejar de charlar con esa persona.
    d. Se debe dormir lo suficiente para no enfermarse.

1. _____   2. _____   3. _____   4. _____

Puntos clave

A. Los gustos Escuche las oraciones e indique la opción que mejor corresponda. (Las respuestas se dan en el CD.)

1. ☐ las revistas de chismes   4. ☐ hacer ejercicios aeróbicos
   ☐ la sinfonía   ☐ los estudios

2. ☐ los conciertos al aire libre   5. ☐ las horas que Diego pasa en «Tesoros»
   ☐ la danza moderna   ☐ el amor al trabajo que tiene Diego

3. ☐ la comida picante   6. ☐ desvelarse
   ☐ las comidas exóticas   ☐ los estrenos de sus conciertos

B. Dictado Escuche la siguiente serie de oraciones. Va a oír cada oración dos veces. Mientras Ud. escucha la segunda vez, escriba lo que oiga. Luego, identifique cuál de las metas comunicativas se representa en cada oración. Puede escuchar las oraciones más de una vez, si quiere.

Metas comunicativas:

1. _____
   _____

2. _____
   _____

3. _____
   _____

4. _____
   _____

5. _____
   _____

Para escuchar mejor: Mercedes Sosa

ANTES DE ESCUCHAR

❖**A. Anticipar la información** Ud. va a escuchar parte de una conferencia sobre la vida de la cantante argentina Mercedes Sosa. Antes de escuchar, indique las palabras de la lista que Ud. cree que podría escuchar durante la conferencia.

☐ un concurso

☐ las relaciones amorosas

☐ los dictadores militares

☐ el rock

☐ el estilo

☐ la salud

☐ el exilio

☐ el tango

☐ el éxito

☐ la terapia

☐ la justicia social

☐ la voz

☐ la música tradicional

B. Vocabulario en contexto Escuche las siguientes cuatro oraciones tomadas de la conferencia. Después de oír cada una dos veces, escriba el número que oiga en la oración.

1. _____   2. _____   3. _____   4. _____

¡A ESCUCHAR!

A. Comprensión Ahora, escuche la conferencia sobre Mercedes Sosa. Luego, indique si las siguientes oraciones son ciertas (C) o falsas (F) según lo que Ud. oyó en la conferencia.

		C	F
1.	Mercedes Sosa nació en Bolivia y ahora vive en la Argentina.	☐	☐
2.	La música folclórica de los Andes tiene mucha influencia en Mercedes Sosa.	☐	☐
3.	La «nueva canción» protesta contra las injusticias sociales.	☐	☐
4.	Mercedes Sosa es una de las cantantes más importantes de la «nueva canción».	☐	☐
5.	Mercedes Sosa canta casi exclusivamente música tradicional de la Argentina.	☐	☐

❖**B. ¡Apúntelo!** Ahora, vuelva a escuchar la conferencia. Tome apuntes en otro papel o a computadora, organizando sus apuntes según las siguientes categorías.

1. biografía
2. la época de la «nueva canción»
3. estilo y temas actuales
4. otros apuntes

❖**C. En resumen** Ahora en otro papel o a computadora, haga un breve resumen del contenido de la conferencia, basándose en lo que Ud. escuchó y en sus apuntes.

CAPITULO 5

PRACTICA ESCRITA

▽ ▽

Vocabulario del tema

A. Lo contrario   Escriba la letra de la palabra de la Columna B que corresponda a la palabra opuesta de la Columna A.

COLUMNA A

1. _____ la paz

2. _____ el prejuicio

3. _____ la apatía

4. _____ la pobreza

5. _____ salvar

6. _____ pesimista

7. _____ desilusionante

8. _____ la alimentación

9. _____ apático/a

10. _____ inquietante

COLUMNA B

a. tranquilizador(a)
b. emocionante
c. optimista
d. el activismo
e. la riqueza
f. el hambre
g. dañar
h. activo/a
i. la guerra
j. la tolerancia

B. ¿Cuál no pertenece?   Indique la palabra que no pertenece a cada serie de palabras. Luego, escriba una oración para explicar o mostrar por qué no pertenece.

1.   el analfabetismo, la desnutrición, el hambre, la alimentación

_____

2.   activista, altruista, optimista, egoísta

_____

In the interactive *CD-ROM to accompany Punto y aparte*, you will find additional practice with the vocabulary, grammar, and culture in this chapter.

3. los titulares, la campaña, la polémica, el ciudadano

_____

4. colaborar con, atacar, promover, respetar

_____

❖C. **Asociaciones** Escriba dos palabras que se asocien con cada una de las siguientes palabras.

1. la prensa   _____   _____

2. la asistencia pública   _____   _____

3. el SIDA   _____   _____

❖D. **Definiciones** Escriba una definición en español para cada una de las siguientes palabras.

1. financiar _____

_____

2. el bienestar _____

_____

3. el secuestro _____

_____

4. el analfabetismo _____

_____

E. **El mundo actual** Complete la siguiente descripción de las preocupaciones del padre de Laura. Llene cada espacio en blanco con la palabra apropiada de la lista a continuación.

alarmante	guerra	narcotráfico	se entera
alarmista	hacer de voluntaria	prejuicio	SIDA
bienestar	horripilantes	prensa	titulares
desnutrición	inversión	respeta	

Hay muchas personas que piensan que la situación actual en el mundo es

_____.[1] El padre de Laura, por ejemplo, siempre está leyendo los

_____[2] que hablan de horrores como la _____[3]

de los niños en los países subdesarrollados, el _____[4] tanto en los países

que producen drogas como en los que las consumen, enfermedades terribles como el

_____[5] y otros temas _____[6] que aparecen en la

_____.[7] Ahora tiene miedo porque su hija quiere

_____[8] en Sudamérica. Mientras él _____[9] su

decisión, le preocupa el _____[10] de su hija. Laura cree que su padre es

_____,[11] que sólo _____[12] de lo malo que pasa

en esta región y que no sabe de las cosas positivas que ocurren allí.

Puntos clave

> **Pista caliente**   If you find you are having difficulty with a particular grammar point, review the appropriate grammar explanation(s) found in the green pages near the back of the main text.

PRACTICA DE FORMAS VERBALES

A. Práctica de conjugación   Complete la siguiente tabla con las conjugaciones apropiadas de los verbos indicados.

	presente de indicativo	pretérito/ imperfecto	presente perfecto	futuro/ condicional	presente de subjuntivo	pasado de subjuntivo
1. **financiar** **(yo)**						
2. **desarrollar** **(nosotros)**						
3. **valer** **(ella)**						
4. **enterarse** **(yo)**						
5. **promover** **(ue) (ellos)**						
6. **afrontar** **(tú)**						

B. Traducciones   Traduzca las siguientes oraciones. Recuerde utilizar los pronombres de complemento directo e indirecto siempre que sea posible.

MODELOS: Get up (**tú**). → Levántate.
Don't get up (**tú**). → No te levantes.
I'm writing to her. → Le estoy escribiendo. / Estoy escribiéndole.
We want to send it (**el paquete**) to you (**Ud.**). →
　　Se lo queremos enviar. / Queremos enviárselo.
She had already left when I arrived. → Ella ya se había ido cuando llegué.

1. I offer it (**la paz**). _____

2. I am offering it. _____

3. I offered it. _____

4. I used to offer it. _____

5. I have offered it. _____

6. I had offered it before knowing what it meant. _____

_____

7. I will offer it. _____

8. I would offer it. _____

9. It's incredible that I (am going to) offer it. _____

_____

10. It was incredible that I offered it. _____

_____

11. Offer it (**tú**). _____

12. Don't offer it (**Uds.**). _____

13. Let's offer it to them. _____

LOS PUNTOS CLAVE PRINCIPALES: HACER HIPOTESIS

A. Si fuera posible   Cambie las siguientes oraciones para hacer una hipótesis.

MODELO: Si voy a España, visitaré el Museo del Prado en Madrid. →
Si fuera a España, visitaría el Museo del Prado en Madrid.

1. Si Sergio recibe una invitación, irá al festival musical en Viña del Mar.

_____

2. Si Javier vuelve a Puerto Rico, se casará con una puertorriqueña.

_____

3. Si Sergio está en Pamplona en julio, correrá con los toros.

_____

4. Si Laura puede, pasará tres meses en Bolivia y Colombia.

_____

5. Si los padres de Sara la visitan en Texas, tratarán de convencerla de que regrese a España.

_____

6. Si Diego abre otra tienda en Nuevo México, estará agobiado constantemente.

_____

❖**B. ¿Qué haría Ud.?**   Complete las oraciones indicando dos cosas que Ud. haría en cada circunstancia.
Trate de no repetir los mismos verbos.

1. Si yo heredara un montón de dinero,

_____

_____

2. Si me peleara con uno/a de mis hermanos/as,

_____

_____

3. Si mi mejor amigo/a me dejara plantado/a,

_____

_____

4. Si mi compañero/a de cuarto hablara por los codos,

_____

_____

5. Si mi vecino fuera mala gente,

_____

_____

6. Si mi mamá se pusiera un tatuaje,

_____

_____

❖C. **Decisiones**   Complete las oraciones, utilizando el condicional o el pasado de subjuntivo según el contexto.

1. Mi vida sería pésima si _____

_____

2. Yo adoptaría a un niño / una niña de otro país si _____

_____

3. Si estuviera de vacaciones, _____

_____

4. Mis padres me extrañarían si _____

_____

5. Si tuviera más tiempo libre, _____

_____

6. Si no fuera estudiante, _____

_____

7. Si quisiera bajar de peso, _____

_____

8. Diego sería menos tacaño si _____

_____

❖**D. Si fuera** Lea cada oración y luego reaccione, ofrezca su opinión y diga qué haría si fuera esta persona.

1. Luis Alberto quiere que Laura deje sus clases y vaya a Bolivia y Colombia para ayudarlo con un proyecto.

   REACCION: Es interesante que _____

   OPINION: No creo que _____

   HIPOTESIS: Si fuera Laura, _____

   _____

2. Al padre de Laura le preocupa el narcotráfico, el terrorismo y los secuestros que tienen lugar en los países donde su hija quiere trabajar.

   REACCION: Es alarmante que _____

   OPINION: Pienso que _____

   HIPOTESIS: Si fuera el padre de Laura, _____

   _____

3. El padre de Laura fue a la India en el Cuerpo de Paz en los años sesenta.

   REACCION: Es impresionante que _____

   OPINION: Cuando su padre era joven él no creía que _____

   HIPOTESIS: Si yo fuera voluntario/a del Cuerpo de Paz, _____

   _____

4. El padre de Laura siempre animaba a sus hijos a ser activistas en la política.

   REACCION: Es admirable que _____

   OPINION: No pienso que _____

   HIPOTESIS: Si fuera activista, _____

   _____

❖**E. ¿Qué haría la gente?** Describa lo que haría las siguientes personas si hubiera un golpe de estado (*coup d'état*) contra un dictador fascista. Puede utilizar ideas de la lista a continuación o inventar sus propias respuestas.

colaborar con los rebeldes   escaparse a la selva
declararse presidente   esconderse
dedicarse a la revolución   hacer de voluntario/a
donar dinero a los revolucionarios   irse a Suiza (*Switzerland*)
encarcelar (*to imprison*) a los culpables

MODELO: el líder militar → El líder militar se declararía presidente del país.

1. el dictador

   _____

2. un ciudadano rico / una ciudadana rica

   _____

3. un ciudadano analfabeto / una ciudadana analfabeta

   _____

4. un(a) narcotraficante

   _____

5. un voluntario / una voluntaria del Cuerpo de Paz

   _____

6. el gobierno de los Estados Unidos

   _____

LOS OTROS PUNTOS CLAVE

A. Descripción   Complete la siguiente descripción de la prensa. Llene cada espacio en blanco con la forma apropiada de la palabra indicada.

La prensa es una institución _____[1] (moderno) cuya meta es darle información

_____[2] (práctico) al público. Sus reportajes sobre los acontecimientos

_____[3] (actual) pueden abrirles los ojos a las personas

_____[4] (inteligente) y sus editoriales _____[5] (escandaloso)

a veces cambian la manera de pensar de la gente. Si yo fuera reportero, escribiría sobre los políticos

_____[6] (corrupto), los narcotraficantes _____[7] (polémico) y

las pandillas _____[8] (peligroso) porque son temas que están de moda. Sin em-

bargo, ya que sólo soy un ciudadano _____[9] (común), sólo puedo leer los

artículos sobre estos asuntos _____[10] (crítico).

❖B. Comparación   Haga una comparación de igualdad y otra de desigualdad entre los conceptos indicados.

1. el analfabetismo / la desnutrición

   _____

   _____

2. el narcotráfico / el terrorismo

   _____

   _____

3. un activista / un oportunista

   _____

   _____

❖C. **Reacciones y recomendaciones** Escriba una reacción (a.) y una recomendación (b.) para los siguientes titulares. Luego, cambie la recomendación al pasado (c.).

> MODELO: Cinco personas mueren durante una manifestación pacífica →
> a. ¡Qué triste que cinco personas hayan muerto!
> b. Es importante que la policía no imponga métodos de control violentos.
> c. Era importante que la policía no impusiera métodos de control violentos.

1. Aumenta la tasa de analfabetismo en los Estados Unidos

a. _____

b. _____

c. _____

2. La gente joven opina que no vale la pena votar

a. _____

b. _____

c. _____

3. Según las últimas encuestas, la mayoría de los ciudadanos están desilusionados con los candidatos presidenciales

a. _____

b. _____

c. _____

❖D. **Narración en el pasado**

Paso 1 Mire los siguientes dibujos que muestran lo que les pasó a Laura y a Sara mientras trabajaban de voluntarias para recaudar (*to raise*) fondos para salvar el bosque lluvioso de Costa Rica. Apunte los verbos que forman «la columna» de la historia y los que describen «la carne».

1.

2.

3.

4.

5.

Palabra útil: pegar (*to hit*)

LA COLUMNA   LA CARNE

_____   _____

_____   _____

_____   _____

_____   _____

Paso 2 Con los verbos que Ud. apuntó en el Paso 1, escriba en otro papel o a computadora una narración de lo que pasó.

E. Hablar de los gustos Cambie cada oración al pasado.

MODELO: A Cristina le fastidia que Diego trabaje tanto. →
A Cristina le fastidiaba que Diego trabajara tanto.

1. A Laura le molesta que su padre sea tan cauteloso. _____

_____

2. A Javier le encanta que los clientes de Ruta Maya tengan interés en la política. _____

_____

3. A Sergio y Diego les gusta que puedan donar dinero a las ONGs* cada año. _____

_____

4. A Laura le importa que haya gente generosa en este mundo. _____

_____

5. A los cinco amigos les encanta que Austin tenga mucha gente activa en la política. _____

_____

❖F. Hablar del futuro ¿Cómo cambiará la situación política de este país en los próximos veinte años? Escriba una oración sobre el futuro para las siguientes situaciones.

1. los préstamos para estudiantes universitarios

_____

2. el matrimonio entre miembros del mismo sexo

_____

3. la igualdad de oportunidades en el trabajo

_____

G. Traducción Traduzca las siguientes oraciones al español.

1. Laura's father doesn't want her to go to Colombia because the violence bothers him.

_____

_____

_____

*ONG: Organización no gubernamental

2. If you volunteered in Latin America, you would learn Spanish fast and you would work with many fascinating people.

_____

_____

❖Reciclaje del vocabulario y los puntos clave

Escriba una oración sobre el estado del mundo actual para cada meta comunicativa. Puede basarse en la tira cómica o puede usar sus propias ideas. Use una palabra de la lista en cada oración. Tres de las ocho oraciones deben ser preguntas. ¡Sea creativo/a!

alarmante	deprimente	mejorar
el bienestar	dispuesto/a	posponer
confiar en	evitar	preocupante
dañino/a	la inquietud	reunirse con

—Es el arma más terrible. Ojalá el hombre no la utilice jamás. Acabaría con la raza humana . . .

DESCRIBIR
D

1. descripción: _____

_____

_____

COMPARAR
C

2. comparación: _____

_____

REACCIONAR
R
RECOMENDAR

3. reacción: _____

REACCIONAR
R
RECOMENDAR

4. recomendación: _____

_____

PASADO
P

5. narración en el pasado: _____

_____

GUSTOS
G

6. hablar de los gustos: _____

_____

HIPÓTESIS
H

7. hacer hipótesis: _____

_____

FUTURO
F

8. hablar del futuro: _____

_____

❖LOS PUNTOS CLAVE EN CONTEXTO

El contexto ¿Cuál es el problema actual más grave del mundo? ¿el SIDA? ¿la desnutrición? ¿el analfabetismo? ¿la pobreza? ¿el desempleo? ¿otra cosa?

Paso 1 Escriba dos o tres oraciones para las siguientes situaciones.

DESCRIBIR D

1. Describa el problema y a las personas que sufren de ese problema.

_____

_____

_____

_____

C COMPARAR

2. Haga una comparación entre las personas que sufren de ese problema en este país y los que sufren del mismo en Latinoamérica.

_____

_____

_____

_____

REACCIONAR R RECOMENDAR

3. Dele algunos consejos a un líder político sobre qué se debe hacer para mejorar la situación.

_____

_____

_____

_____

PASADO P

4. Describa algo que pasó recientemente con respecto a esta situación. Puede ser algo que Ud. leyó en la prensa o una experiencia personal.

_____

_____

_____

_____

GUSTOS G

5. Explique lo que le molesta de esta situación.

_____

_____

_____

_____

HIPÓTESIS H

6. Si Ud. fuera el líder de este país, ¿qué haría para mejorar la situación?

_____

_____

_____

_____

7. En su opinión, ¿qué pasará con respecto a esta situación en el futuro?

_____

_____

_____

_____

Paso 2 Combine la información del Paso 1 para escribir en otro papel o a computadora un editorial sobre el problema como si Ud. fuera periodista de un periódico latinoamericano. Su editorial debe tener un comienzo, desarrollo y final lógicos y debe usar conectores.

❖Rincón cultural

¿QUE SIGNIFICA PARA MI SER PERUANA?

Paso 1: Habla Rosa María Lea la siguiente explicación de qué significa para Rosa María ser peruana.

Creo que los peruanos no somos muy diferentes del resto de los latinoamericanos: La mayoría somos muy alegres, nos encanta la música, somos muy expresivos y adoramos a nuestra familia. Esas cosas me describen casi perfectamente, especialmente la última porque extraño muchísimo a mis hermanos y a mi mamá que viven en el Perú, ¡y mi cuenta de teléfono así lo atestigua![1]

Pero además de la familia, la comida y nuestra música, algo que nadie sospecha que extrañamos cuando estamos fuera de nuestro país es poder votar, sí, ¡votar! Tal vez por el hecho de haber visto a varios dictadores gobernar nuestro país, sentimos verdadera pena cuando hay elecciones generales y no estamos allí para participar en ellas. Todos los que teníamos más de diez años de edad en 1980 recordamos clarísimo las primeras elecciones verdaderamente democráticas que hubo en el Perú ese año. Además, a pesar del poco tiempo de experiencia democrática que tenemos, hemos vivido en carne propia[2] las consecuencias de elegir al presidente incorrecto. Por eso somos tan apasionadamente políticos, simplemente porque sabemos que nuestra vida depende mucho del resultado de las elecciones.

Por último, extrañamos nuestro país, del cual todos nos sentimos orgullosos. Es que hay lugares increíbles para conocer, el más famoso de los cuales es Machu Picchu, la famosa ciudadela[3] perdida de los incas. Lástima que muchos peruanos no la conozcan porque los lugares turísticos son muy caros. Más al alcance de todos los bolsillos[4] están Arequipa, una hermosísima ciudad colonial, y Lima, la capital. No es porque yo sea peruana, pero de verdad creo que nadie debe perder la oportunidad de visitar nuestra tierra, que además de hermosísima es muy hospitalaria.[5]

[1]así… _testifies to that fact!_ [2]hemos… _we've seen with our own eyes_ [3]_citadel_ [4]al… _within everyone's economic reach_
[5]_hospitable_

DESCRIBIR
D

C
COMPARAR

REACCIONAR
R
RECOMENDAR

PASADO

P

HIPOTESIS
H

Paso 2 Ahora en otro papel o a computadora, conteste las preguntas o siga las indicaciones a continuación.

1. ¿Cuáles son las cosas que más extraña Rosa María?
2. ¿Por qué les interesa tanto la política a los peruanos?
3. ¿Qué tipos de gobierno ha tenido el Perú? ¿Qué tipo de gobierno tiene ahora?
4. ¿Qué lugares fascinantes del Perú sugiere Rosa María que visite uno?
5. ¿Cree Ud. que los peruanos tienen más o menos interés en la política que los ciudadanos de este país?
6. ¿Es importante para Ud. votar?
7. ¿Cuáles fueron las últimas elecciones en las que votó Ud.?
8. Escriba dos reacciones a lo que dice Rosa María sobre lo que significa para ella ser peruana.
9. Si Ud. pudiera hacerle dos preguntas a Rosa María sobre el Perú y su cultura, ¿qué le preguntaría?

❖Portafolio de lecturas

Busque y lea otro artículo sobre el país que escogió en el Portafolio de lecturas del Capítulo 1. Luego, complete un formulario como el que está en el apéndice sobre el artículo.

❖¡A escribir!

Una reseña   Mire una película que trate de una situación política del mundo hispano. Luego en otro papel o a computadora, escriba una reseña de esa obra que incluya por lo menos tres de las siguientes metas comunicativas.

1. Describa a un personaje interesante de la película.

2. Compare a dos o más personajes de la película.

3. ¿Qué le recomienda Ud. a una persona que quiere ver la película?

4. ¿Qué pasó en una escena clave?

5. ¿Qué le gustó y qué le molestó de la película o de algún personaje?

6. Si Ud. fuera el director / la directora, ¿qué cambiaría de la película?

7. ¿Cómo se recibirá esa película en su comunidad? ¿Cuáles son las partes que les gustarán y cuáles son las partes que les molestarán a las personas de su comunidad?

Debe usar los conectores apropiados para darle la coherencia necesaria al artículo. A continuación se sugieren algunas películas:

¡Ay Carmela!	*La historia oficial*	*Los santos inocentes*
El hombre mirando al sureste	*La patagonia rebelde*	*Missing*
La casa de los espíritus	*Los de abajo*	*Romero*

PRACTICA ORAL

❖ Trabalenguas

Lea y escuche las siguientes oraciones. Va a oírlas dos veces. Repita cada una después de oírla la segunda vez.

1. Si la metedura de pata de Petra **fuera** menos problemática, la **perdonaría.**
2. Elena **evitaría** el estrés si **estuviera** menos enojada con el éxito de su ex esposo.
3. Pedro **perdería** menos tiempo si **empleara** a Paula para que preparara el presupuesto.
4. Victoria **volvería** de sus vacaciones para hacer de voluntaria si no **fuera** tan vaga.
5. Si Chema **chocara** con un carro caro, **continuaría** conduciendo hacia su condo para esconderse. Es cobarde.

María Metiche

Escuche lo que dice María de los problemas que Laura ha tenido con su padre. Luego, escriba cinco oraciones para describir qué hicieron Laura y su padre y tres más sobre cómo se sentían los dos. Recuerde que María va a usar el pretérito para marcar el avance de la acción y el imperfecto para hacer descripciones de fondo.

¿Qué hicieron Laura y su padre?

1. _____

2. _____

3. _____

4. _____

5. _____

¿Cómo se sentían los dos?

6. _____

7. _____

8. _____

Vocabulario del tema

Lea las oraciones a continuación y escuche cada uno de los titulares. Luego, escriba la letra de la reacción más apropiada en el espacio en blanco correspondiente. (Las respuestas se dan en el CD.)

Palabra útil: la sede (*headquarters*)

a. Es alarmante que haya tanta hambre y pobreza.
b. Es triste que los ciudadanos sufran debido a los conflictos internacionales que causa la dictadura.
c. Es horrible que la venta de drogas siga a pesar de los esfuerzos internacionales.
d. Es importante que sigamos tratando de erradicar esta enfermedad.
e. Es evidente que los candidatos tienen enemigos en esta ciudad.

1. _____   2. _____   3. _____   4. _____   5. _____

Puntos clave

A. La campaña contra la pobreza   Escuche cada oración y luego indique si el verbo expresa una idea posible o hipotética. (Las respuestas se dan en el CD.)

	ES POSIBLE	ES HIPOTETICO
1.	☐	☐
2.	☐	☐
3.	☐	☐
4.	☐	☐
5.	☐	☐

B. Dictado   Escuche la siguiente serie de oraciones. Va a oír cada oración dos veces. Mientras Ud. escucha la segunda vez, escriba lo que oiga. Luego, identifique cuál de las metas comunicativas se representa en la oración. Puede escuchar las oraciones más de una vez, si quiere.

Metas comunicativas: DESCRIBIR **D**   **C** COMPARAR   REACCIONAR **R** RECOMENDAR   PASADO **P**   GUSTOS **G**   HIPOTESIS **H**   FUTURO **F**

Palabra útil: el rehén (*hostage*); el sospechoso (*suspect*)

1. _____
   _____

2. _____
   _____

3. _____
   _____

4. _____
   _____

5. _____
   _____

Para escuchar mejor: La gente indígena del Ecuador

ANTES DE ESCUCHAR

❖**A. Anticipar la información** Ud. va a escuchar parte de una conferencia sobre las nuevas actividades políticas de la gente indígena del Ecuador. Antes de escuchar, anote cinco palabras de vocabulario que Ud. cree que podría oír durante la conferencia.

1. _____   4. _____

2. _____   5. _____

3. _____

B. Vocabulario en contexto Escuche las siguientes cuatro oraciones tomadas de la conferencia. Después de oír cada una dos veces, escriba el número que oiga en la oración.

1. _____   2. _____   3. _____   4. _____

¡A ESCUCHAR!

A. Comprensión Ahora, escuche la conferencia sobre la gente indígena. Luego, indique la opción que *no* es apropiada para completar cada oración a continuación.

1. Los grupos indígenas tienen diversas _____.

   a. costumbres   b. lenguas   c. comidas

2. Tienen problemas parecidos, como _____.

   a. la falta de dinero   b. la violencia   c. la falta de trabajo

3. La confederación (CONAIE) quiere mejorar la situación de _____.

   a. la educación   b. los derechos humanos   c. las mujeres

4. La conferencia menciona _____.

   a. nuevas leyes   b. organizaciones indígenas   c. problemas sociales

❖**B. ¡Apúntelo!** Ahora, vuelva a escuchar la conferencia. Tome apuntes en otro papel o a computadora, organizando sus apuntes según el siguiente bosquejo (*outline*).

   I. Los grupos indígenas del Ecuador
      A. número de nacionalidades diferentes:
      B. características que las separan:
      C. características que comparten:
   II. La CONAIE
      A. significado del nombre:
      B. metas principales:
   III. Pachacútic
      A. significado del nombre:
      B. metas principales (cuatro revoluciones):
      C. logros en las elecciones:

❖**C. En resumen** Ahora en otro papel o a computadora, haga un breve resumen del contenido de la conferencia, basándose en lo que Ud. escuchó y en sus apuntes.

CAPITULO 6

PRACTICA ESCRITA

▽ ▽ ▽ ▽ ▽ ▽ ▽ ▽ ▽ ▽ ▽ ▽ ▽ ▽ ▽ ▽ ▽ ▽ ▽

Vocabulario del tema

A. Lo contrario Escriba la letra de la palabra o expresión de la Columna B que corresponda a la palabra opuesta de la Columna A.

COLUMNA A

1. _____ la riqueza
2. _____ curar
3. _____ la felicidad
4. _____ provechoso/a
5. _____ sobrevivir
6. _____ la clonación
7. _____ ingenioso/a
8. _____ adivinar
9. _____ comunitario/a
10. _____ el reciclaje

COLUMNA B

a. individualista
b. insalubre
c. morir
d. saber con certeza
e. tonto/a
f. la pobreza
g. la tristeza
h. la contaminación
i. enfermar
j. la procreación natural

B. ¿Cuál no pertenece? Indique la palabra que no pertenece a cada serie de palabras. Luego, escriba una oración para explicar o mostrar por qué no pertenece.

1. la sobrepoblación: amenazante, gratificante, desastrosa, alarmante

_____

2. el Internet: innovador, provechoso, inútil, consumidor

_____

 In the interactive *CD-ROM to accompany Punto y aparte*, you will find additional practice with the vocabulary, grammar, and culture in this chapter.

3. la clonación: pacífica, genética, polémica, innovadora

_____

4. la deforestación: desastroso, ingenioso, insalubre, inminente

_____

C. El congreso   Complete cada una de las siguientes oraciones con la forma correcta de la palabra más apropiada.

1. Ahora que Sergio está a cargo del congreso, está buscando todos los fondos

   _____ (disponible/insalubre) para asegurar que sea exitoso.

2. Un _____ (ingenioso/inesperado) número de grupos musicales ha prometido

   _____ (aportar/alcanzar) su música al congreso.

3. Cada día Sergio _____ (preguntarse/adivinar) si su proyecto tendrá éxito.

4. A través del _____ (teletrabajo/Internet), Sergio ha podido juntar mucho

   material para el congreso.

5. La semana que viene Sara empezará a anunciar los discursos que la asociación de ecología dará

   sobre _____ (la clonación / la deforestación).

D. Las definiciones

Paso 1   Complete cada definicion a continuación con el pronombre relativo apropiado de la siguiente lista. Luego, escriba la palabra definida del Vocabulario del tema.

cuyo/a(s), lo que, que

MODELO: Es _____ hace un vidente (*clairvoyant*). → lo que, predecir/adivinar

1. Es _____ hay cuando no se trata de manera igual a todas las personas de una comunidad.

   _____

2. Es _____ hay cuando demasiados niños nacen.

   _____

3. Son las cosas _____ son necesarias para mantener el equilibrio del planeta.

   _____

4. Es _____ trata de hacer un médico cuando alguien está enfermo.

   _____

5. Es la línea invisible _____ existe entre dos países, para marcar su territorio.

   _____

6. Es el adelanto tecnológico _____ presencia ha tenido mayor impacto en el comercio global en la última década.

   _____

❖**Paso 2** Escriba una definición en español para las siguientes palabras del Vocabulario del tema. Utilice un pronombre relativo en cada definición.

1. polémico: _____

_____

2. la clonación: _____

_____

3. el consumerismo: _____

_____

E. Las predicciones del futuro Llene el espacio en blanco con la palabra apropiada de la lista siguiente. Cambie la forma de la palabra si es necesario.

el adelanto	desastroso/a	pacífico/a
curar	la divisoria digital	poderoso/a
el daño	la informática	polémico/a

1. A menos que empecemos a reciclar más, _____ a los recursos

   naturales será irreparable.

2. En cuanto hagan más estudios genéticos, los médicos podrán _____

   el cáncer.

3. Con tal de que haya más _____ tecnológicos, el futuro será intrigante.

4. Para que la clonación no sea tan _____, las instituciones internaciona-

   les tendrán que adoptar estrictas reglas de comportamiento en la investigación.

5. Después de que cada familia tenga acceso al Internet, _____ ya no

   presentará tantos problemas.

6. Cuando todas las familias tengan computadora en casa, _____ será

   una materia imprescindible en todas las escuelas.

7. Hasta que hagamos algo definitivo en cuanto al problema de la sobrepoblación, su impacto

   global en el futuro será _____.

Puntos clave

> **Pista caliente** If you find you are having difficulty with a particular grammar point, review the appropriate grammar explanation(s) found in the green pages near the back of the main text.

PRACTICA DE FORMAS VERBALES

A. Práctica de conjugación Complete la siguiente tabla con las conjugaciones apropiadas de los verbos indicados.

	presente de indicativo	pretérito/ imperfecto	presente perfecto	futuro/ condicional	presente de subjuntivo	pasado de subjuntivo
1. **alcanzar** (**yo**)						
2. **predecir*** (**nosotros**)				predeciremos/ prediceríamos		
3. **sobrevivir** (**ella**)						
4. **preguntarse** (**yo**)						
5. **reemplazar** (**ellos**)						
6. **adivinar** (**tú**)						

B. Traducciones Traduzca las siguientes oraciones. Recuerde utilizar los pronombres de complemento directo e indirecto siempre que sea posible.

MODELOS: Get up (**tú**). → Levántate.
Don't get up (**tú**). → No te levantes.
I'm writing to her. → Le estoy escribiendo. / Estoy escribiéndole.
We want to send it (**el paquete**) to you (**Ud.**). →
Se lo queremos enviar. / Queremos enviárselo.
She had already left when I arrived. → Ella ya se había ido cuando llegué.

1. You (**Tú**) replace me. _____

2. You are replacing me. _____

3. You replaced me. _____

4. You used to replace me. _____

5. You have replaced me. _____

6. You had already replaced me when I arrived. _____

_____

7. You will replace me. _____

8. You would replace me. _____

---

*Predecir is conjugated like **decir** except in the future and conditional.

9. I don't like it that you (are going to) replace me. _____

   _____

10. I didn't like it that you replaced me. _____

   _____

11. Replace me (**tú**). _____

12. Don't replace me (**Ud.**). _____

13. Let's replace him. _____

LOS PUNTOS CLAVE PRINCIPALES: HABLAR DEL FUTURO

A. Todos los amigos ayudarán con el congreso   Escriba lo que harán los amigos para ayudar a Sergio con el congreso.

1. Laura _____ (recoger) a Mercedes Sosa en el aeropuerto.

2. Diego y Cristina _____ (distribuir) los carteles.

3. Javier _____ (poner) unos anuncios en las paredes de Ruta Maya.

4. Diego les _____ (decir) a todos sus clientes la fecha y lugar del

   congreso.

5. Sara _____ (tener) una fiesta para todos los que han ayudado con el

   congreso.

6. Sergio dice: «(Yo) _____ (estar) listo para un descanso después del

   congreso. Todos nosotros _____ (poder) escaparnos al rancho otra

   vez, ¿verdad?»

B. A SPACE   Después de las conjunciones **antes de que, sin que, para que, a menos que, con tal de que** y **en caso de que** siempre se usa el subjuntivo. Llene los espacios en blanco con la forma apropiada del presente o pasado de subjuntivo, según el contexto.

1. Los jueves Javier siempre sale con Laura con tal de que no _____ (tener) que

   trabajar.

2. Antes, Javier siempre salía con Laura los miércoles con tal de que no _____

   (tener) que trabajar.

3. Mañana Javier saldrá con Laura a menos que ella _____ (estar) ocupada.

4. Sara le recomendó a Javier que _____ (salir) con Laura el martes a menos que

   _____ (estar) ocupada.

5. En caso de que _____ (haber) complicaciones con los conjuntos musicales,

   Sergio siempre está listo para resolver cualquier problema.

6. En caso de que _____ (haber) complicaciones con los conjuntos musicales,

   Sergio estaba listo para resolver cualquier problema.

7. Los dueños de Ruta Maya le aconsejaron a Sergio que los _____ (llamar) para que no _____ (haber) ningún problema.

8. El sábado Sergio irá al estadio, para que no _____ (haber) ningún problema.

C. THE CD Después de las conjunciones **tan pronto como, hasta que, en cuanto, cuando** y **después de que** se puede utilizar el indicativo o el subjuntivo. Llene los espacios en blanco con la forma apropiada del verbo.

1. Cuando Sergio _____ (preparar) un gran evento, siempre trabaja largas horas.

2. Cuando el congreso _____ (empezar) el próximo lunes, Sergio tendrá todo arreglado.

3. Hasta que Sergio _____ (recibir) los últimos contratos, estuvo un poco ansioso.

4. Después de que _____ (llegar) los primeros grupos, Sergio estará más tranquilo.

5. En cuanto Sara _____ (entregar) la tesis, estará dispuesta a ayudar a Sergio con cualquier cosa que necesite.

6. Javier colocó los anuncios en Ruta Maya tan pronto como _____ (llegar).

7. Sergio estará muy ocupado hasta que el último grupo _____ (tocar) la última canción del congreso.

8. Cuando se _____ (estar) preparando para el congreso, Sergio llamó a Maite varias veces para arreglar algunos detalles importantes.

❖**D. La fiesta** Las siguientes oraciones hablan de los problemas que Sara y sus amigos pueden tener al preparar la fiesta que darán después del congreso. Utilice una de las conjunciones de la lista para resumir cada problema.

a menos que	con tal de que	para que
antes de que	en caso de que	sin que

MODELO: Si Javier tiene que trabajar el sábado, no podrá ir a la fiesta. →
Javier irá a la fiesta, con tal de que no tenga que trabajar.

1. Sara tiene tiempo de limpiar la casa, pero sólo si los invitados no llegan temprano.

_____

2. Luisa y Virginia no se llevan bien. Si Luisa va a la fiesta, no irá Virginia.

_____

3. Si Laura compra la comida hoy, Sara puede preparar las tapas esta noche.

_____

4. El estéreo de Sara está roto. Por eso, Sergio debe traer su estéreo a la fiesta.

_____

5. Sara piensa dar la fiesta en el patio, pero sólo si hace buen tiempo.

_____

6. Si la fiesta no termina a la una, los vecinos, que se acuestan a la una, llamarán a la policía.

_____

E. **Nuestra amiga Sara**   Llene los espacios en blanco con la forma apropiada del verbo.

Cuando Sara _____[1] (llegar) a los Estados Unidos, estaba un poco preocupada.

No sabía si podría adaptarse fácilmente a vivir tan lejos de su familia, su país y su cultura. De

hecho, se sentía bastante sola hasta que un día _____[2] (conocer) a Javier en

Ruta Maya. Desde entonces, se siente totalmente integrada en su ciudad adoptiva.

   Tal vez se haya integrado demasiado. Es decir, lleva una vida muy ocupada. Tan pronto como

_____[3] (levantarse) por la mañana, pone el radio para escuchar las noticias y

enterarse de lo que está pasando en el mundo. Antes de que _____[4] (vestirse),

lee un poco el periódico y habla con Laura sobre sus planes para el día. En cuanto

_____[5] (estar) lista, sale para la universidad. A menos que

_____[6] (tener) alguna reunión importante, va directo a su «oficina», un café en

el patio de la unión estudiantil donde estudia un poco, lee un poco y charla bastante con sus ami-

gos. No es que Sara no tome en serio sus estudios, de hecho, en cuanto _____[7]

(terminar) sus clases por la tarde, siempre va a la biblioteca por algunas horas. Lo que pasa es que

es una persona muy amigable y necesita conectarse con la gente.

   Normalmente, entre las amistades, el trabajo y los estudios, Sara tiene muy poco tiempo para

estar sola. Por eso, ha decidido que la próxima semana va a tomar las cosas con calma. A veces

tiene ideas un poco locas. Por ejemplo, el próximo domingo va a subir al coche y manejar hasta que

casi ya no _____[8] (tener) gasolina. Entonces, cuando _____[9]

(llegar) al próximo pueblo, parará y dará un paseo. Después de que _____[10]

(haber visto) los atractivos del pueblo, comprará más gasolina y seguirá. En caso de que

_____[11] (perderse), llamará a Javier o a Laura para que ellos la

_____[12] (buscar). Si no se pierde, en cuanto _____[13]

(aburrirse) y _____[14] (sentir) ganas de estar con sus amigos de nuevo, volverá

a Austin. Según Sara, esta es una manera excelente de conocer un país más a fondo.

F.   ¿Qué pasará?: el futuro de probabilidad   Lea las siguientes oraciones y escriba la explicación más lógica para cada situación Debe usar el futuro del verbo.

1.   Javier, que por lo general es muy responsable, no ha llegado todavía a una entrevista de trabajo que tiene con un periódico local. (haber mucho tráfico / no importarle / darle asco)

   _____

2.   Sara no está en el congreso cuando Sergio la busca. (tener sueño / estar atrasada / tener éxito)

   _____

3.   Las artesanías de Diego se están vendiendo muy bien durante el congreso. (dañar sus planes / estar emocionado / desvelarse)

   _____

4.   El estado de ánimo de Laura es muy bajo. (disfrutar del congreso / reírse a carcajadas / tener algún problema)

   _____

5.   Hace cuatro horas que Sergio espera a Sara. (importarle un pepino / estar orgulloso / estar harto)

   _____

LOS OTROS PUNTOS CLAVE

A.   Descripción   Complete el siguiente párrato con la forma apropiada de cada palabra.

La realidad virtual puede llegar a cambiar nuestra vida de una manera alucinante. Está claro que

ofrece _____[1] (mucho) posibilidades para el futuro. Es posible que en

_____[2] (poco) años se pueda hacer viajes _____[3] (virtual) desde casa.

_____[4] (Alguno) personas hasta predicen que los viajes tradicionales se harán

_____[5] (obsoleto). Mientras estos adelantos son considerados _____[6]

(innovador) e _____[7] (ingenioso) por algunas personas, otras dicen que los resulta-

dos _____[8] (inesperado) de estas invenciones pueden ser _____[9]

(insalubre) y hasta _____[10] (horripilante). Tenemos que estar _____[11]

(listo) para enfrentar los líos que pueden causar las novedades _____[12] (tecnoló-

gico), pero yo creo que todo problema puede ser _____[13] (eliminado) por el genio

humano.

❖B.   Comparación   Haga comparaciones entre las siguientes cosas, actividades o temas. Puede usar los adjetivos o verbos indicados u otros adjetivos o verbos que le parezcan útiles. Debe escribir una comparación de desigualdad (a.), una de igualdad (b.) y un superlativo (c.).

MODELO: la basura, la deforestación, la sobrepoblación (dañino/a, problemático/a, insalubre…)
   a.   La basura es menos dañina para el medio ambiente que la deforestación.
   b.   La basura es tan problemática como la sobrepoblación.
   c.   La deforestación es la más dañina de todas.

1. el teletrabajo, las novedades, la realidad virtual (inútil, ingenioso/a, disponible...)

   a. _____

   b. _____

   c. _____

2. Oscar Arias, Rigoberta Menchú, Martin Luther King, Jr. (involucrado/a, trabajador(a), fascinante...)

   a. _____

   b. _____

   c. _____

3. recaudar fondos, hacer de voluntario, ser revolucionario (aportar, interesar, involucrar...)

   a. _____

   b. _____

   c. _____

REACCIONAR
R
RECOMENDAR

❖**C. Reacciones y recomendaciones** Escriba una reacción (a.) y una recomendación (b.) para los siguientes titulares que aparecen en un periódico del año 2050.

MODELO: Un vidente predice las uniones intergalácticas →
   a. Es increíble que haya comunicación entre las poblaciones de diferentes planetas.
   b. Es importante que los líderes mantengan relaciones pacíficas.

1. La realidad virtual ha eliminado la necesidad de viajar

   a. _____

   b. _____

2. A causa de los adelantos tecnológicos, todo el mundo hace uso del teletrabajo: Ya nadie va a las oficinas

   a. _____

   b. _____

3. La paz mundial elimina las fronteras entre los países

   a. _____

   b. _____

4. Mañana el mundo votará para escoger el idioma mundial: ¿El chino, el español o el inglés?

   a. _____

   b. _____

❖D. Narración en el pasado

Paso 1 Imagínese que es el año 2020 y los cinco amigos se reunieron anoche para celebrar algo. ¿Qué celebraron? ¿Qué hicieron para celebrarlo? ¿Cómo se sentían al reunirse? Apunte los verbos que van a formar «la columna» de la historia y los que van a describir «la carne».

LA COLUMNA	LA CARNE
_____	_____
_____	_____
_____	_____
_____	_____
_____	_____
_____	_____

Paso 2 Con los verbos que apuntó en el Paso 1, escriba en otro papel o a computadora una narración de lo que pasó.

E. Hablar de los gustos Llene los espacios en blanco con el pronombre de complemento indirecto y la forma del verbo apropiados, según el contexto. Preste atención al tiempo verbal que necesita utilizar.

1. Cuando Sergio empezó a trabajar como promotor de grupos musicales, _____

    _____ (importar) que todo se arreglara con mucha anticipación.

    Ahora está más relajado y es más flexible con los arreglos.

2. A los médicos que trabajan en Centroamérica _____ _____ (preocupar) que no haya suficiente medicina para curar las enfermedades más comunes.

3. Cuando Sara vivía en España, _____ _____ (molestar) que sus veci-

    nos no reciclaran la basura.

4. Ayer todos estuvimos de mal humor. A nosotros _____ _____

    (fastidiar) que tuviéramos que pasar una hora entera sentados en el coche por el tráfico.

5. A Sergio _____ _____ (encantar) que el congreso tuviera tanto

    éxito.

F. Hacer hipótesis Complete las siguientes oraciones para explicar qué harían los amigos en cada si-tuación. Escriba la forma apropiada de cada verbo y use sus propias ideas para completar la hipótesis.

1. Si _____ (ir) a consultar con un vidente, Javier

    _____

    porque _____

2. Si los pueblos pequeños de México _____ (tener) acceso al Internet, Diego

    _____

    ya que _____

3. Si Laura _____ (saber) su porvenir, ella

_____

puesto que _____

4. Si los viajes a través de la realidad virtual _____ (estar) disponibles, Sara

_____

porque _____

5. Si Sergio _____ (querer) recaudar fondos, él

_____

puesto que _____

G. **Traducción**   Traduzca las siguientes oraciones al español.

1. When you (**tú**) are 70 years old, there will be many ingenious advancements that will make your life easier than your present life.

_____

_____

2. Many people are not interested in telecommuting because they like the social aspects of going to the office.

_____

_____

❖Reciclaje del vocabulario y los puntos clave

Escriba una oración sobre los videntes y los métodos de adivinar el porvenir para cada meta comunicativa. Puede basarse en la tira cómica o puede usar sus propias ideas. Use una palabra de la lista en cada oración. Tres de las ocho oraciones deben ser preguntas. ¡Sea creativo/a!

alarmante	duro/a	el porvenir
asustado/a	enterarse	prometer
defraudar	la madrastra	saludable
desilusionado/a	la peluca	soñar con

¿Quién les dijo que todavía usábamos Bola de Cristal?

DESCRIBIR
D

1. descripción: _____

_____

_____

COMPARAR
C

2. comparación: _____

_____

_____

REACCIONAR
R
RECOMENDAR

3. reacción: _____

_____

4. recomendación: _____

_____

5. narración en el pasado: _____

_____

6. hablar de los gustos: _____

_____

7. hacer hipótesis: _____

_____

8. hablar del futuro: _____

_____

❖LOS PUNTOS CLAVE EN CONTEXTO

El contexto   Es el año 2020. Piense en lo que habrá sido de (*must have happened with*) uno de los cinco amigos.

Paso 1   Escriba dos o tres oraciones para las siguientes situaciones.

1. Describa al amigo / a la amiga y hable sobre lo que está haciendo ahora.

_____

_____

_____

_____

2. Compare al amigo / a la amiga en el año 2020 con la persona que él/ella era antes.

_____

_____

_____

_____

3. Reaccione a lo que él/ella ha hecho de su vida.

_____

_____

_____

_____

4. Describa lo que pasó después de que el amigo / la amiga se fue de Austin.

_____

_____

_____

_____

GUSTOS G

5. Explique lo que a él/ella le gusta y lo que le molesta ahora.

_____

_____

_____

_____

HIPÓTESIS H

6. Si Ud. fuera este amigo / esta amiga ahora, ¿qué haría de su vida?

_____

_____

_____

_____

FUTURO F

7. Los amigos están planeando una reunión en Ruta Maya. ¿Qué pasará cuando lleguen allí y se vean de nuevo?

_____

_____

_____

_____

Paso 2 Combine la información del Paso 1 para escribir en otro papel o a computadora una composición sobre el futuro del amigo / de la amiga que Ud. escogió en el Paso 1. Su composición debe tener un comienzo, desarrollo y final lógicos y debe usar conectores.

❖Rincón cultural

¿QUE SIGNIFICA PARA MI SER PANAMEÑA?

Paso 1: Habla Maite   Lea la siguiente explicación de qué significa para Maite ser panameña.

Tal y como se dice que siente todo latinoamericano, yo siento orgullo de ser de mi país, Panamá. Pero, ¿en qué se basa ese orgullo? Para mí, se basa simplemente en no ser estadounidense. Explico.

He vivido ya mucho tiempo en los Estados Unidos, lo cual afecta a mis sentimientos sobre el hecho de ser panameña, como supongo que le ocurre a cualquier otro extranjero que vive aquí. Las relaciones entre Panamá y los Estados Unidos son muy complejas. El gobierno estadounidense está muy involucrado en la vida política y social de Panamá. Los Estados Unidos controlan en gran parte a mi país; su política y cultura popular han influido en nuestra política y cultura de maneras positivas y negativas.

Por lo tanto, me enorgullece lo que sobrevive de mi Panamá, lo que lo hace un país único en el mundo. Por ejemplo, su posición geográfica lo hace importante en el mundo del comercio. Su población está compuesta de numerosas razas: mestizos, africanos, hispanos, asiáticos e índigenas cuna, guaymí y chocó. Todos ellos le dan a Panamá su sabor especial.

Creo que lo más conocido de Panamá en el mundo internacional, con la excepción del Canal, por supuesto, son las molas. Estas telas[1] decorativas se venden por todas partes como artesanía panameña. Son hechas por los indígenas cuna de Panamá, según una vieja tradición de poner diferentes telas de colores brillantes sobre una primera tela negra. Siempre me sorprende verlas

[1]*fabrics*

fuera de Panamá. Pero, también me da orgullo ver que el mundo se interesa en lo panameño. Me enorgullece ver este pedacito[2] de mi país atravesando el mundo. Es por este orgullo que llevo conmigo adonde sea que vaya, mis recuerdos, mis pedacitos de mi patria, mi artesanía panameña, mi comida panameña, mi folclor y literatura panameños, los monumentos a mis héroes panameños y, sobre todo, mis playas y mis mares panameños.

[2]*small piece*

Paso 2 Ahora en otro papel o a computadora, conteste las preguntas o siga las indicaciones a continuación.

1. ¿Por qué quiere Maite distanciarse de la cultura estadounidense?
2. ¿Es la composición racial de Panamá muy homogénea? Explique.
3. ¿Por qué le emociona a Maite ver las molas fuera de su país?
4. ¿Cuáles son las cosas panameñas que más emocionan a Maite?
5. En este texto, Maite critica la posición de los Estados Unidos en su país. En el futuro, ¿debe los Estados Unidos tener relaciones estrechas con los otros países, o debe mantenerse aislado?
6. ¿Tiene los Estados Unidos derecho a entrometerse en los asuntos de los otros países americanos, o debe respetar su autonomía?
7. ¿Debe los Estados Unidos seguir mandando voluntarios, ayuda financiera, tropas militares o consejeros a los otros países del mundo?
8. Escriba dos reacciones a lo que dice Maite sobre lo que significa para ella ser panameña.
9. Si Ud. pudiera hacerle dos preguntas a Maite sobre Panamá y su cultura, ¿qué le preguntaría?

❖Portafolio de lecturas

Busque y lea un artículo sobre el país que escogió en el Portafolio de lecturas del Capítulo 1. Luego, complete un formulario como el que está en el apéndice sobre el artículo.

❖¡A escribir!

Una reseña Mire una película que trate de una situación polémica del mundo hispano. Luego en otro papel o a computadora, escriba una reseña de esa obra que incluya por lo menos tres de las siguientes metas comunicativas.

1. Describa a un personaje interesante de la película.

2. Compare a dos o más personajes de la película.

3. ¿Qué le recomienda Ud. a una persona que quiere ver la película?

4. ¿Qué pasó en una escena clave?

5. ¿Qué le gustó y qué le molestó de la película o de algún personaje?

6. Si Ud. fuera el director / la directora, ¿qué cambiaría de la película?

7. ¿Cómo se recibirá esa película en su comunidad? ¿Cuáles son las partes que les gustarán y cuáles son las partes que les molestarán a las personas de su comunidad?

Debe usar los conectores apropiados para darle la coherencia necesaria al artículo. A continuación se sugieren algunas películas:

Abre los ojos	*La boca del lobo*	*Nueva Yol*
El hombre mirando hacia el sureste	*Mi familia*	*Salvador*
El Norte	*Missing*	*The Pérez Family*

Prueba diagnóstica: Capítulos 5 y 6

Paso 1 Escoja la(s) palabra(s) apropiada(s) según el contexto. (15 puntos)

1. Hace tres años que Sergio _____ en Los Angeles donde _____ al conjunto musical *Dr. Loco and His Rockin' Jalapeño Band* por primera vez.

   a. era/conocía b. estaba/conoció c. estuvo/conoció

2. Los grupos de California son _____ buenos como los de Texas.

   a. tanto b. tan c. tantas

3. Esta noche el discurso de Carlos Fuentes _____ en el Auditorio de la Biblioteca Presidencial que _____ en la Calle San Jacinto.

   a. está/está b. está/es c. es/está

4. A Javier y a Laura _____ gustan _____.

   a. les / bailar y cantar b. les / los clubes salseros c. le / los músicos latinos

5. Si Sergio _____ más dinero, pasaría más tiempo en Los Angeles porque le encantan los grupos musicales de allí.

   a. tuviera b. tenía c. tendría

6. Sara quisiera que su hermana _____ a los Estados Unidos para el congreso.

   a. va b. fuera c. vaya

7. Cristina y Diego _____ juntos al congreso tres veces para escuchar varias presentaciones.

   a. fueron b. van c. iban

8. Ruta Maya es muy popular entre los participantes del congreso. Los congresistas no _____ tantas horas en el Ruta Maya si no hubiera un ambiente tan hospitalario.

   a. pasaron b. pasarían c. pasaran

9. A los participantes _____ encantó _____ que hubo durante el congreso.

   a. les / la música b. le / el café c. les / los discursos

10. Tan pronto como el congreso _____, los amigos irán al rancho.

    a. termine b. termina c. terminará

11. El congreso atrajo más _____ 2.000 participantes.

    a. de b. como c. que

12. Era necesario que Sergio _____ como un loco los meses anteriores al congreso.

    a. trabajó   b. trabajara   c. trabaje

13. Hasta que el último grupo toque, Sergio no _____ relajarse.

    a. podrá   b. podría   c. pueda

14. La mayoría de los participantes que asistieron al congreso _____ de México y Centroamérica.

    a. estaba   b. era   c. eran

15. Cuando Laura y Javier _____ del Auditorio, _____ a Carlos Fuentes hablando con el director de Estudios Latinoamericanos.

    a. salían/veían   , b. salieron/vieron   c. salían/vieron

Paso 2 Llene los espacios en blanco con el artículo definido o la forma apropiada de la palabra indicada, según el contexto. (7 puntos)

1. _____ actitud de la gente hacia _____ avances en el campo

    de la tecnología fue bastante _____ (positivo).

2. _____ programa que prepararon fue bien _____ (recibido).

3. _____ ciudad de Austin fue el lugar perfecto para el congreso porque

    _____ clima es ideal durante la primavera.

Paso 3 Traduzca la siguiente oración al español. (3 puntos)

The director recommended that they have as many bands next year as they have had this year.

_____

_____

CAPITULO 6

PRACTICA ORAL

❖Trabalenguas

Lea y escuche las siguientes oraciones. Va a oírlas dos veces. Repita cada una después de oírla la segunda vez.

1. Si Sonia sabe coser súper bien, **sobrevivirá** sin sobresaltos.
2. Isa **irá** al Instituto de Informática cuando Ignacio **vaya** a Irlanda.
3. Vania la vidente **vendrá** a vernos en cuanto **volvamos** de Valencia.
4. Tan pronto como Paulina **pueda, pedirá** permiso para clonar a su perro.
5. Hasta que **haya** habitaciones en el hospital, Horacio **hará** todo lo posible para hospedar a los huérfanos en su hotel.

María Metiche

Hoy María Metiche está emocionadísima porque la última conversación que escuchó sobre los cinco amigos confirmó sus sospechas. Escuche lo que dice de sus sospechas. Luego, conteste las preguntas sobre lo que oyó y sobre lo que ya sabe de los cinco amigos. Recuerde que María va a usar el pretérito para marcar el avance de la acción y el imperfecto para hacer descripciones de fondo.

1. ¿Qué contribuyó a que Laura y Javier empezaran a salir juntos? Escriba tres oraciones para explicarlo.

   _____

   _____

   _____

2. ¿Cómo reaccionó María Metiche después de confirmar definitivamente que Laura y Javier salían juntos?

   _____

3. ¿Cómo se sentían Laura y Javier la primera noche que bailaron juntos en Calle Ocho?

   _____

4. Según lo que Ud. ya sabe, ¿cómo estaba el padre de Laura el día después de oír que Javier acompañaría a su hija a Colombia?

Vocabulario del tema

Escuche cada oración y escriba la letra de la respuesta más lógica en el espacio en blanco correspondiente. (Las respuestas se dan en el CD.)

1. _____ a. de los videntes   b. de la deforestación

2. _____ a. horripilante   b. alucinante

3. _____ a. para clonar seres humanos   b. para curar el SIDA

4. _____ a. la amenaza   b. el Internet

5. _____ a. de la realidad virtual   b. de los recursos naturales

Puntos clave

A. Los amigos Escuche cada oración y luego indique si el verbo expresa una acción habitual, completa o futura. (Las respuestas se dan en el CD.)

	HABITUAL	COMPLETA	FUTURA
1.	☐	☐	☐
2.	☐	☐	☐
3.	☐	☐	☐
4.	☐	☐	☐
5.	☐	☐	☐
6.	☐	☐	☐

B. Dictado Escuche la siguiente serie de oraciones. Va a oír cada oración dos veces. Mientras Ud. escucha la segunda vez, escriba lo que oiga. Luego, identifique cuál de las metas comunicativas se representa en la oración. Puede escuchar las oraciones más de una vez, si quiere.

Metas comunicativas: DESCRIBIR **D** **C** COMPARAR REACCIONAR **R** RECOMENDAR PASADO **P** GUSTOS **G** HIPÓTESIS **H** FUTURO **F**

1. _____
   _____

2. _____
   _____

3. _____
   _____

4. _____

_____

5. _____

_____

Para escuchar mejor: Los megaparques

ANTES DE ESCUCHAR

❖**A. Anticipar la información**   Ud. va a escuchar parte de una conferencia sobre un nuevo método para conservar los recursos naturales: los megaparques. Antes de escuchar, anote cinco palabras del Vocabulario del tema de su libro de texto que Ud. cree que podría oír durante la conferencia.

1. _____   4. _____

2. _____   5. _____

3. _____

B. Vocabulario en contexto   Escuche las siguientes tres oraciones tomadas de la conferencia. Después de oír cada una dos veces, adivine el significado en inglés de la palabra anotada, según el contexto. Luego, escriba el verbo que tiene la misma raíz que la palabra anotada.

1. compartidos   _____   verbo: _____

2. desarrollado   _____   verbo: _____

3. llamado   _____   verbo: _____

¡A ESCUCHAR!

A. Comprensión   Ahora, escuche la conferencia sobre los megaparques. Luego, indique si las siguientes oraciones son ciertas (C) o falsas (F) según lo que Ud. oyó en la conferencia.

		C	F
1.	Es posible controlar la migración de los animales.	☐	☐
2.	Los megaparques son reservas ecológicas enormes dentro de un país.	☐	☐
3.	La Amistad es el megaparque más antiguo y más avanzado.	☐	☐
4.	Sí-a-Paz quiere ayudar no sólo a la naturaleza sino también a los seres humanos.	☐	☐
5.	Paseo Pantera es un proyecto multinacional.	☐	☐

❖**B. ¡Apúntelo!**   Ahora, vuelva a escuchar la conferencia. Tome apuntes en otro papel o a computadora, organizando sus apuntes según el siguiente bosquejo.

   I. Los megaparques
      A. definición:
      B. colaboradores:
  II. Megaparque 1
      A. nombre:
      B. países:
      C. fecha de establecimiento:
      D. protege:

III. Megaparque 2
   A. nombre:
   B. países:
   C. fecha de establecimiento:
   D. protege:
IV. Megaparque futuro
   A. nombre:
   B. países:

❖**C.** **En resumen** Ahora en otro papel o a computadora, haga un breve resumen del contenido de la conferencia, basándose en lo que Ud. escuchó y en sus apuntes.

ANSWER KEY

Para empezar

Puntos clave

Práctica de formas verbales **A.** 1. hago, hice/hacía, he hecho, haré/haría, haga, hiciera 2. somos, fuimos/éramos, hemos sido, seremos/seríamos, seamos, fuéramos 3. va, fue/iba, ha ido, irá/iría, vaya, fuera 4. sé, supe/sabía, he sabido, sabré/sabría, sepa, supiera 5. tienen, tuvieron/tenían, han tenido, tendrán/tendrían, tengan, tuvieran 6. puedes, pudiste/podías, has podido, podrás/podrías, puedas, pudieras **B.** 1. Le escribo. 2. Le estoy escribiendo/Estoy escribiéndole. 3. Le escribí. 4. Le escribía. 5. Le he escrito. 6. Ya le había escrito cuando me llamó. 7. Le escribiré. 8. Le escribiría. 9. Quiere que le escriba. 10. Quería que le escribiera. 11. Escríbele. 12. No le escriban. 13. Escribámosle.

Descripción **A.** 1. es 2. está 3. es 4. está 5. son 6. está 7. son 8. es **B.** 1. está 2. Es 3. es 4. es 5. están 6. es 7. Es 8. están 9. están 10. estar **C.** 1. Los numerosos museos que se encuentran en Austin le ofrecen al público una gran variedad de exhibiciones. 2. La biblioteca presidencial, que está cerca de la Universidad de Texas, es muy atractiva. 3. El número de clubes es impresionante. 4. La Feria de Libros al aire libre es maravillosa. 5. Las lagunas pequeñas que están cerca de Austin son muy pintorescas. 6. Muchas de las tiendas del centro son elegantísimas.

Comparación **A.** 1. Un Jaguar es más caro que un Honda. 2. Javier y Sergio están menos preocupados que Sara. 3. Las cerámicas son tan bonitas como la ropa indígena. 4. Sara está más contenta que Diego. 5. Javier está tan cansado como Laura. 6. Las fiestas son más divertidas que los cines. 7. La macarena es menos complicada que el tango. 8. (*respuestas varían*) Yo soy tan inteligente como mi mejor amigo/a. **B. Paso 1** Sustantivos: años, ciudades, clases, películas, problemas; Adjetivos: bajo, estudioso, rico **Paso 2** 1. tantos...como 2. tan...como 3. tantas...como 4. tantas...como 5. tan...como 6. tantos...como 7. tan...como 8. tantas...como **C.** 1. tan 2. como 3. menos 4. que 5. como 6. menos 7. que 8. más 9. que 10. tanto como 11. más que 12. de

Reacciones y Recomendaciones **A.** 1. se levanta 2. escriba 3. den 4. tienen 5. esté 6. vayan 7. quiere 8. visite 9. haya 10. deben **B.** 1. busquen 2.vaya 3. gusta 4. tengan 5. den **C.** 1. haya 2. deba 3. participe 4. pueden 5. busque 6. cambie 7. hagan

Narración en el pasado **A.** 1. busqué, buscaste, buscó, buscamos, buscaron 2. vendí, vendiste, vendió, vendimos, vendieron 3. fui, fuiste, fue, fuimos, fueron 4. hice, hiciste, hizo, hicimos, hicieron 5. traje, trajiste, trajo, trajimos, trajeron 6. me divertí, te divertiste, se divirtió, nos divertimos, se divirtieron 7. dormí, dormiste, durmió, dormimos, durmieron 8. leí, leíste, leyó, leímos, leyeron **B.** 1. salí 2. fui 3. compré 4. hablé 5. pasé 6. regresé 7. entré 8. vi 9. grité 10. llegó 11. me desmayé 12. llamó **C.** 1. llevaba 2. hacía 3. había 4. estaba 5. dolía 6. estaba 7. podía **D.** 1. era 2. gustaba 3. tenía 4. iban 5. tenían 6. invitó 7. estaba 8. quería 9. convenció 10. fue 11. esperaba 12. ganó 13. empezó 14. hicieron **E.** 1. se ha levantado 2. se ha vestido 3. ha hecho 4. se ha duchado 5. ha desayunado 6. se ha lavado

Hablar de los gustos **A.** 1. Lo cierra a la 1:00. 2. La bailan todos los sábados por la noche. 3. Los llama cada domingo. 4. No, no nos invitó a la recepción para Mercedes Sosa. 5. Sí, las compró en el Perú. **B.** (*Las respuestas variarán*) 1. Se las envió porque... 2. Te lo dejé porque... 3. Se las regaló porque... 4. Nos lo escribió porque... 5. Quiero que él me lo muestre.... **C.** 1. le gustaba 2. les encantaba 3. Le importaban 4. Les molestó 5. Le gusta 6. les fascina 7. les encantan 8. le molestaría 9. le da 10. le encanta 11. nos gustaría

Hacer hipótesis **A.** 1. trabajaría 2. escribirían 3. viajaríamos 4. jugarías 5. iría 6. diría 7. sabrías 8. podríamos 9. tendría 10. saldría **B.** 1. viajaron, viajara, viajaras, viajáramos, viajaran 2. tuvieron, tuviera, tuvieras, tuviéramos, tuvieran 3. fueron, fuera, fueras, fuéramos, fueran 4. creyeron, creyera, creyeras, creyéramos, creyeran 5. pidieron, pidiera, pidieras, pidiéramos, pidieran 6. durmieron, durmiera, durmieras, durmiéramos, durmieran **D.** 1. pudiera 2. ganaría 3. tuviera 4. trataría 5. acompañaría 6. fuera 7. pagaría 8. podría 9. sería

Hablar del futuro **A.** 1. estarán 2. serviré 3. seremos 4. dará 5. convencerás 6. diremos 7. sabrá 8. podrás 9. tendré 10. saldrán **B.** 1. La terminaré mañana. 2. Te lo lavaré mañana. 3. Te lo traeré mañana. 4. Lo limpiaré mañana. 5. Se la escribiré mañana. **C.** 1. irá 2. llegue 3. tendrá 4. asistirá 5. vuelva 6. empezará 7. estará 8. tomará

Prueba diagnóstica: Para empezar

Paso 1 1. b [PASADO] 2. c [COMPARAR] 3. a [REACCIONAR RECOMENDAR] 4. b [GUSTOS] 5. c [HIPÓTESIS] 6. a [REACCIONAR RECOMENDAR] 7. b [PASADO] 8. b [HIPÓTESIS] 9. a [GUSTOS] 10. a [FUTURO] 11. a [COMPARAR] 12. c [REACCIONAR RECOMENDAR] 13. a [FUTURO] 14. c [GUSTOS] 15. b [PASADO] **Paso 2** 1. la, las [REACCIONAR RECOMENDAR] 2. Las, eclécticas [REACCIONAR RECOMENDAR] 3. El, la, pequeño [REACCIONAR RECOMENDAR]

Paso 3 A Cristina no le gusta que Diego tenga menos de dos horas a la semana para estar con ella. [GUSTOS] [REACCIONAR RECOMENDAR] [COMPARAR]

PRACTICA ORAL

María Metiche

1. Javier 2. Diego 3. Sergio 4. Laura 5. Sara 6. Javier 7. Sergio

Puntos clave

1. Según Sergio, es increíble que los estadounidenses no sepan más de la música latina. [REACCIONAR RECOMENDAR] 2. Cuando termine sus estudios de posgrado, Laura se mudará al Ecuador. [FUTURO] 3. Sara es más delgada que Laura pero menos alta que ella. [COMPARAR] 4. Cuando tenía veintitrés años, Sara consiguió trabajo en una emisor de radio. [PASADO] 5. A Javier le encanta hablar con todo el mundo. Por eso le gusta su trabajo en Ruta Maya. [GUSTOS]

Capítulo 1

PRACTICA ESCRITA

Vocabulario del tema

A. 1. c 2. g 3. f 4. i 5. a 6. h 7. b 8. j 9. e 10. d **B.** 1. encantadora 2. se lleva bien 3. presumido 4. despistado 5. cicatrices 6. va a la moda 7. rara 8. cae bien **C.** *Respuestas posibles.* 1. Las patillas que lleva mi hermano están de moda. 2. Raúl tiene un tío rico que es muy tacaño. 3. El lunar que Marta tiene al lado de la boca es como el de Cindy Crawford. 4. El profesor que se llama Pablo Pérez es el más presumido que he tenido. 5. Los turistas que vienen de Salamanca son encantadores. 6. Los brazos de Felipe que mira Lola están llenos de tatuajes. 7. El niño que está detrás del edificio es grosero. 8. Plácido Domingo canta una canción deprimente que trata de un amor perdido. 9. Los aretes que están decorados con diamantes cuestan mucho dinero. 10. La mujer del pelo liso que está sentada en la mesa es la dueña de Ruta Maya. **E.** 1. habla por los codos 2. tiene mucha cara 3. tiene mala pinta 4. no tiene pelos en la lengua 5. es buena gente

Puntos clave

Práctica de formas verbales **A.** 1. caigo, caí/caía, he caído, caeré/caería, caiga, cayera 2. estamos, estuvimos/estábamos, hemos estado, estaremos/estaríamos, estemos, estuviéramos 3. te llevas, te llevaste/te llevabas, te has llevado, llevarás/llevarías, lleves, llevaras 4. parece, pareció/parecía, ha parecido, parecerá/parecería, parezca, pareciera 5. meten, metieron/metían, han metido, meterán/meterían, metan, metieran 6. toma, tomó/tomaba, ha tomado, tomará/tomaría, tome, tomara **B.** 1. Los rechaza. 2. Está rechazándolos/Los está rechazando. 3. Los rechazó. 4. Los rechazaba. 5. Los ha rechazado. 6. El siguió tratando de venderle libros aunque ya los había rechazado. 7. Los rechazará. 8. Los rechazaría. 9. Quiero que los rechace. 10. Quería que los rechazara. 11. Recházalos. 12. No los rechacen. 13. Rechacémoslos.

Los puntos clave principales: Descripción y comparación
Descripción **A.** 1. estoy 2. Son 3. estoy 4. es 5. son 6. es 7. está 8. es 9. estoy 10. es 11. Estoy 12. ser 13. estás 14. es **B.** 1. es 2. es 3. es 4. es 5. Es 6. está 7. somos 8. es 9. Es 10. es 11. es 12. ser 13. ser 14. estar **C.** 1. apagados 2. puestas 3. guardado 4. cerradas 5. organizados **D.** 1. está relajada

2. son fascinantes 3. es...relajante 4. está preocupado 5. es...frustrante 6. están emocionados 7. Es deprimente 8. está deprimida 9. es sorprendente 10. está frustrado

Comparación **C.** 1. la más grande (de las tres/familias). 2. la menor (de las tres/madres). 3. el más corto (de los tres/tiempos). 4. el más popular (de los tres/productos). **E.** 1. más temprano que 2. más solo que 3. más que 4. tan saludable como 5. tan delgado como 6. menos hablador que

Los otros puntos clave

C. 1. A María (no) le encanta el tatuaje de su novio. 2. A los estudiantes les fastidian los profesores despistados. 3. A la gente famosa no le gustan las arrugas. 4. A muchas personas les interesan los libros sobre los ricos y famosos. 5. A su madre le preocupa la actitud negativa de su hija. **F.** 1. Es bueno que Sara trabaje en la emisora de radio puesto que le gusta hablar con la gente. 2. Cuando Diego era joven, era tacaño, pero ahora gasta más de $2000 al año comprando ropa.

PRACTICA ORAL

María Metiche

(*Respuestas posibles*). Diego conoció a Sara en un centro comercial. Sara ayudó a Diego con sus compras. Sara le presentó a su compañera de cuarto, Laura. Todos se fueron a Ruta Maya para escuchar música y allí conocieron a Javier. Sergio apareció a medianoche. Todos se quedaron hasta las 3:00 de la madrugada.

Vocabulario del tema

1. c 2. a 3. c 4. a 5. b

Puntos clave

A. (*Las opiniones variarán*) 1. Sergio 2. Sara 3. Sergio 4. Sara 5. Sergio **B.** 1. Cuando los dueños del café le ofrecieron el trabajo a Javier, lo aceptó sin pensarlo dos veces. 2. A los clientes les encanta conocer a los artistas locales cuyas obras se exponen en Ruta Maya. 3. El ambiente del café Ruta Maya es tan relajado como el del café favorito de Javier en Puerto Rico. 4. Es bueno que Javier trabaje en un café porque tiene mucho contacto con el público y le encanta hablar. 5. Si Diego tuviera problemas personales, se los contaría a su primo Sergio.

Para escuchar mejor

Antes de escuchar **A.** 1. 15 2. 500 3. 40

¡A escuchar! **A.** 1. Falso 2. Falso 3. Cierto 4. Cierto 5. Cierto 6. Falso 7. Cierto

Capítulo 2

PRACTICA ESCRITA

Vocabulario del tema

A. 1. g 2. j 3. a 4. e 5. b 6. f 7. d 8. c 9. h 10. i **B.** 1. extraño 2. mudó a 3. sea 4. tratan mal 5. hace caso 6. apoyarme **C.** (*Las explicaciones variarán*) 1. sumiso 2. alabar 3. mandona 4. hermano
E. Paso 1 1. lo que, alabar 2. que, la madrastra 3. cuyo, el gemelo 4. que, la brecha generacional 5. que, el apodo 6. cuyos, la hija adoptiva 7. lo que, regañar 8. que, cuyos, mimada **Paso 2** 1. una persona que no tiene hermanos ni hermanas 2. el hijo más pequeño de la familia 3. echar de menos; sentir nostálgico/a hacia alguien o algo 4. la característica de una persona que sólo piensa en sí misma

Puntos clave

Prácticas de formas verbales   **A.** 1. agradezco, agradecí/agradecía, he agradecido, agradeceré/agradecería, agradezca, agradeciera 2. negamos, negamos/negábamos, hemos negado, negaremos/negaríamos, neguemos, negáramos 3. se queja, se quejó/se quejaba, se ha quejado, se quejará/se quejaría, se queje, se quejara 4. te mudas, te mudaste/te mudabas, te has mudado, te mudarás/te mudarías, te mudes, te mudaras 5. sugieren, sugirieron/sugerían, han sugerido, sugerirán/sugerirían, sugieran, sugirieran 6. castigo, castigué/castigaba, he castigado, castigaré/castigaría, castigue, castigara   **B.** 1. Lo obedecen. 2. Están obedeciéndolo/Lo están obedeciendo. 3. Lo obedecieron. 4. Lo obedecían. 5. Lo han obedecido. 6. No se dio cuenta de que siempre lo habían obedecido. 7. Lo obedecerán. 8. Lo obedecerían. 9. Es bueno que lo obedezcan. 10. Era bueno que lo obedecieran. 11. Obedécelo. 12. No lo obedezcan. 13. Obedezcámoslo.

Los puntos clave principales: Recomendaciones y reacciones

El subjuntivo   **A.** 1. vuelva 2. tenga 3. se mude 4. esté 5. viva 6. se vaya 7. regrese 8. quieren, estén 9. debe 10. estar 11. presionen 12. tienen   **B. Paso 1** 1. cause 2. se llevan 3. están 4. ayude 5. sea 6. vaya 7. pase 8. haya 9. sea   **C. Paso 1** 1. se encargue 2. contrate 3. conozca 4. es 5. tenga 6. pida 7. traer 8. tocan 9. aumenta 10. ofrezca 11. sea 12. guste   **E.** 1. Era necesario que los padres les dieran a sus hijos cierta libertad. 2. Los psicólogos recomendaban que las familias se comunicaran honestamente. 3. La madre de Javier insistía en que volviera a Puerto Rico. 4. A Javier no le gustaba que su madre le pusiera tanta presión. 5. Era normal que los padres quisieran estar cerca de sus hijos. 6. Era bueno que los niños obedecieran a sus padres. 7. Era fantástico que las familias pudieran comunicarse a través del Internet.

Los mandatos   **A.** 1. Cuéntalo. 2. Recházalos. 3. Regáñalo. 4. Tenla. 5. Apóyalos. 6. Obedécelos   **B.** 1. No seas comprensivo. 2. No le compres más regalos. 3. No los alabes. 4. No los críes en el campo. 5. No les des buenos consejos. 6. No los protejas.   **C.** (*Respuestas posibles*) 1. Te recomiendo que termines tu tarea ahora. 2. Te ruego que visites a los abuelos. 3. Te pido que compartas la pizza con tu hermano. 4. Prefiero que te mudes inmediatamente. 5. Espero que no castigues al niño. 6. Quiero que los llames pronto. 7. Le recomiendo que no te quejes.

Los otros puntos clave   **A. Paso 1** 1. tradicionales 2. conservadores 3. son 4. exigentes 5. sus 6. liberal 7. ser 8. entrometida 9. conservadora 10. estricta 11. amistosas 12. sus 13. sus 14. fundamentales   **D.** (*Las explicaciones variarán*) 1. A Laura le caen bien todos sus primos menos uno. 2. A los padres de Diego no les interesa el dinero que gana su hijo. 3. A la madre de Javier le molesta la falta de comunicación con sus hijos. 4. A mis hermanos y yo nos fastidian los apodos tontos.   **F. Paso 1** 1. seré 2. compraré 3. llevaré 4. iremos 5. podrá 6. daré 7. investigaremos 8. tendrán 9. invitaré 10. pasaremos   **Paso 2** 1. tenga 2. conozcan 3. me muera 4. se comporten 5. nos llevemos   **G.** Aunque a Javier le encanta tener una familia unida, quiere que su madre sea menos entrometida. 2. No es buena idea ponerle un apodo cursi a su hijo/hija. ¡No lo aga!

Prueba diagnóstica: Capítulos 1 y 2

Paso 1 1. a 2. c 3. c 4. a 5. b 6. a 7. b 8. a 9. b 10. c 11. c 12. b 13. b 14. a 15. c   **Paso 2** 1. Las, bonitas 2. Las, variadas 3. extrovertidos 4. Los, la   **Paso 3** Sara espera que su hermana la visite más de una vez este año.

PRACTICA ORAL

María Metiche

(*Respuestas posibles*) 1. Sara y Laura la llevaron a varias galerías, a la universidad y a un restaurante. 2. Sergio la invitó a Calle Ocho. 3. Pasó un día ayudando a Diego en «Tesoros». 4. Vendió una alfombra cara. 5. Javier anunció que salía con Laura. 6. Javier estaba medio loco. 7. Su madre estaba orgullosa de haber vendido la alfombra. 8. Su madre estaba muy contenta con los amigos de Javier.

Vocabulario del tema

1. rebelde 2. sumiso 3. estricto 4. envidioso 5. presumida 6. despistado 7. grosero

Puntos clave

A. 1. situación verdadera 2. deseo 3. situación verídica 4. deseo 5. deseo **B.** 1. La Sra. de Mercado insiste en que Javier se case con una puertorriqueña. 🔲 2. La verdad es que Javier es más rebelde e independiente que su hermano gemelo, Jacobo. 🔺 3. Mientras Laura estudiaba en la biblioteca anoche, Manuel la llamó desde el Ecuador y le dejó un mensaje con un tono decepcionado. 🔻 4. Los padres de Sara se pondrán muy contentos cuando Sara por fin vuelva a España. ▼ 5. La Sra. de Mercado mimaba a Jacobo porque él tenía problemas de salud cuando era niño. 🔻

Para escuchar mejor

Antes de escuchar **B.** 1. Tienen derecho a elegir su propio gobernador puertorriqueño. 2. Puerto Rico a veces parece territorio de los Estados Unidos y a veces una nación independiente. 3. Mucha gente cree que los Estados Unidos no piensa en el bienestar de los puertorriqueños.

¡A escuchar! **A.** 1. No, es Estado Libre Asociado con los Estados Unidos. 2. Se usa el dólar. 3. El español y el inglés son las lenguas oficiales. 4. Forman parte de las fuerzas armadas estadounidenses. 5. No, no la necesitan. 6. La mayoría quiere mantener la situación actual.

Capítulo 3

PRÁCTICA ESCRITA

Vocabulario del tema

A. 1. d 2. j 3. g 4. h 5. b 6. i 7. c 8. e 9. a 10. f **B.** (*Las explicaciones variarán*). 1. regañar 2. dañino 3. coquetear 4. discutir 5. halagada **C.** 1. avergonzada 2. dejó plantada 3. dañinas 4. fracaso 5. coquetear **D.** 1. está/se siente cansado 2. está/se siente confundida 3. está/se siente asustada 4. está/se siente avergonzado 5. está/se siente asqueado 6. está/se siente enojada

Puntos clave

Práctica de formas verbales **A.** 1. confías, confiaste/confiabas, has confiado, confiarás/confiarías, confíes, confiaras 2. merecemos, merecimos/merecíamos, hemos merecido, mereceremos/mereceríamos, merezcamos, mereciéramos 3. se pone, se puso/se ponía, se ha puesto, se pondrá/se pondría, se ponga, se pusiera 4. sueño, soñé/soñaba, he soñado, soñaré/soñaría, sueñe, soñara 5. odian, odiaron/odiaban, han odiado, odiarán/odiarían, odien, odiaran 6. rompe, rompió/rompía, ha roto, romperá/rompería, rompa, rompiera **B.** 1. Lo dejamos plantado. 2. Estamos dejándolo plantado/lo estamos dejando plantado. 3. Lo dejamos plantado. 4. Lo dejábamos plantado. 5. Lo hemos dejado plantado. 6. Pensaba que lo habíamos dejado plantado. 7. Lo dejaremos plantado. 8. Lo dejaríamos plantado. 9. Es una lástima que lo dejemos plantado. 10. Era una lástima que lo dejáramos plantado. 11. Déjalo plantado. 12. No lo dejen plantado. 13. Dejémoslo plantado.

Los puntos clave principales: Narración en el pasado **A. Paso 1** 1. a 2. h 3. a 4. a 5. a 6. e 7. a 8. g 9. d 10. d 11. g 12. a 13. a 14. a 15. d **Paso 2** 1. conoció 2. estudiaba 3. conocía 4. se quedaba 5. era 6. quería 7. quería 8. podía 9. daba 10. se enteró 11. asistía 12. Sabía 13. presentó 14. cayó 15. Quería 16. tuvo 17. se resolvió **B. Paso 1** 1. estaba 2. entró 3. preguntó 4. quería 5. dijo 6. se sentía 7. salieron 8. Vieron 9. se rieron 10. hacía 11. entraron 12. tomaron 13. Eran 14. regresaron 15. se acostó 16. estaba 17. empezó **Paso 2** la columna: entró, preguntó, dijo, salieron, Vieron, se rieron, entraron, tomaron, regresaron, se acostó, empezó; la carne: estaba, quería, se sentía, hacía, Eran, estaba **C.** 1. pasaba 2. terminaban 3. duraban 4. eran 5. encantaban 6. había 7. pasaba 8. Se llamaba 9. murió 10. fue 11. volvió 12. se quedó 13. decidieron 14. comunicaron 15. gustó 16. hacía 17. empezó 18. decidió 19. Empezó 20. fue 21. conocía 22. gustaba 23. hizo 24. se fue 25. se enteró 26. iba **D.** 1. supe 2. sabía 3. podía 4. pudo 5. querían 6. quisieron 7. costó 8. tenía 9. costaban 10. quería 11. conocí **F.** 1. se han mudado 2. hemos sido 3. hemos vivido 4. Se ha comportado 5. hemos ido 6. hemos llegado 7. he estado 8. Has tenido **G.** 1. ha puesto 2. ha abierto 3. ha hecho 4. ha escrito 5. ha mandado 6. ha compuesto 7. he visto 8. ha roto 9. he dicho

Los otros puntos clave   **A.** 1. estaban asustadas 2. era, chistosos 3. sean, celosos 4. son compartidos
D. *(Las opiniones variarán)* 1. A la gente romántica le gusta pasear bajo las estrellas. 2. A nosotros nos molestan los quehaceres domésticos. 3. A los turistas les fastidia el tráfico de la Ciudad de México. 4. A Frida Kahlo le fascinaban las pinturas de Diego Rivera.   **F. Paso 1** 1. se basarán 2. tendrán 3. buscaré 4. iremos 5. jugaremos 6. serán 7. saldrá 8. pasaremos   **Paso 2** encuentre, emocionado/a 2. tenga, satisfecho 3. vea, celoso 4. te quites, asustado 5. deje, enojado   **G.** 1. A Diego le molesta que Cristina coquetee con otros hombres. 2. Si yo fuera Cristina, rompería con Diego ya que siempre piensa en su tienda.

PRACTICA ORAL

Maía Metiche

(Respuestas posibles) 1. Fueron a una exposición de José Guadalupe Posada. 2. Se encontraron con Laura para comer. 3. Fueron de compras. 4. Cristina compró una falda.

Vocabulario del tema

1. avergonzada 2. asustada 3. confundido 4. agotada 5. enojado

Puntos clave

A. 1. Pasado 2. Presente 3. Futuro 4. Futuro 5. Pasado 6. Pasado   **B.** 1. A Cristina le molestó mucho que Diego la dejara plantada. 2. Si Diego tuviera otra persona en quien confiar, podría dejar «Tesoros» de vez en cuando. 3. Es importante que los miembros de una pareja se lleven bien y que sean sinceros entre sí. 4. Las relaciones que Laura tiene con Javier son más relajadas que las que tiene con Manuel porque Javier es menos celoso que él. 5. El chico con quien estuvo hablando Sara en Ruta Maya la llamó ayer para invitarla a cenar.

Para escuchar mejor

Antes de escuchar   **A.** 1. 1889 2. 1913 3. 1921 4. 1967

¡A escuchar!   **A.** 1. Era una mujer activa, atrevida y rebelde. 2. Se fue a México porque el gobierno mexicano la invitó para darle las gracias por haberle salvado la vida a un muchacho mexicano. 3. Se fue a Yucatán porque era periodista y hacía reportajes sobre las excavaciones arqueológicas de Chichén Itzá. 4. Fue amor a primera vista; ella se enamoró de él. 5. Felipe ya estaba casado. 6. Se divorció de su primera esposa. 7. No se casaron porque los enemigos políticos de Felipe lo mataron antes de su boda. 8. Fue un amor verdadero, trágico y eterno.

Para repasar

PRACTICA ESCRITA

Descripción y comparación

Repaso de los puntos clave
Descripción   **B.** 1. son, caras 2. están, son 3. está, otra 4. están, son, bajos 5. está, es, fabulosa
D. 1. cerrada 2. rotas 3. escrito 4. abierta 5. guardado 6. sorprendidos 7. descubiertos 8. abierta

Comparación   **A. Paso 2** comparación de igualdad: tan guapo como, tan buena como, tanto tiempo como; comparación de desigualdad: más gordo que, más ocupada que; superlativo: el mejor de; cantidad númerica: más de   **D.** *(Respuestas posibles)* 1. George W. Bush es el más conservador de los tres. 2. Danny DeVito es el más bajo de los tres. 3. Cindy Crawford es la más llamativa de las tres. 4. Joan Rivers es la más culta de las tres. 5. Bill y Melinda Gates son los más ambiciosos de las tres parejas.

Reacciones y recomendaciones

Repaso de los puntos clave **B.** 1. sea 2. estudie 3. saque 4. viaje 5. puede 6. salga 7. se vaya 8. parezca 9. debe 10. hace **D.** 1. me mudara 2. regresara 3. estuvieras 4. tomaste 5. debiste 6. íbamos 7. se metieran 8. tomaran 9. te dieras

Narración en el pasado

Repaso de los puntos clave **A. Paso 2 columna:** llegó-acción completa, se acostumbró-acción completa vio-acción completa, se conocieron-acción completa, empezaron- acción completa, pasaron- acción completa, terminó-acción completa, tuvo-acción completa, tuvo-acción completa; **carne:** trabajaba-acción en progreso, era-información de trasfondo, tenía-información de trasfondo, se sentía-descripción de un estado emocional, parecía-descripción de una percepción, estaba-acción en progreso, estaba-descripción de un estado físico o emocional **C. Paso 1** 1. salió 2. tenía 3. iba 4. viajaba 5. se volcó 6. se ahogó 7. tenía 8. pasó 9. encontraron 10. llevaron 11. había conocido 12. buscaron 13. llevaron 14. Fue **Paso 3** 1. terminaron 2. había querido 3. quería 4. insistían 5. llegó 6. decidía 7. vivía 8. asistía 9. conocía 10. visitaron 11. fue 12. Había 13. se volvió 14. se negaron 15. quería 16. tuvo 17. fueron 18. estaba 19. llevaron 20. se quejaron 21. Fue

Hablar de los gustos

Repaso de los puntos clave **A. Paso 2** 1. el arte 2. que haya muchas exposiciones de arte mexicano 3. las artesanías mexicanas 4. los grabados de José Guadalupe Posada 5. la vida de Frida Kahlo 6. las calaveras de José Guadalupe Posada 7. la entrevista que hizo Sara con la directora del Museo Mexicarte que salió en el programa de NPR *Latino USA* 8. el arte mexicano **C.** 1. Me da ganas de ir a nadar en el lago. 2. Me aburren las malas noticias que dan cada noche en el noticiero. 3. A Sergio le fascinan los corridos mexicanos antiguos. 4. A Laura y Diego les interesan mucho los grabados de José Guadalupe Posada. 5. Nos preocupan ustedes. 6. A Sara y Javier no les importa tener un televisor. **D.** 1. Lo cierra a las 8:00 de la noche. 2. La bailan en Calle Ocho. 3. Los llama todos los domingos. 4. No nos invitó a la recepción. 5. Sí, me vio. **E.** 1. Sí, se la regaló. 2. Se las envió ayer. 3. Te lo dejó tu hermano. 4. Sí, nos lo prestó. 5. Por supuesto me los das/Dámelos.

Hacer hipótesis

D. 1. pasáramos 2. podríamos 3. haríamos 4. fuera 5. hablaría 6. convencieras 7. hubiera 8. se encargarían 9. se tomaría 10. decidiera 11. haríamos 12. escucharía

Hablar del futuro

Repaso de los puntos clave **C.** 1. Estará/Se sentirá rabiosa. 2. Estará/Se sentirá apenado. 3. Estará/Se sentirá celoso. 4. Estarán hartos. **D.** (*Los consejos variarán*) 1. vayas 2. hable 3. te lleves 4. extrañes 5. odies 6. te sientas 7. conozcas

Capítulo 4

PRACTICA ESCRITA

Vocabulario del tema

A. 1. f 2. j 3. h 4. b 5. i 6. c 7. d 8. g 9. e 10. a **B.** (*Las explicaciones variarán*) 1. Cierto 2. Cierto 3. Falso 4. Cierto 5. Cierto **E.** 1. madrugar 2. disminuya 3. aprovechar 4. posponga 5. exitoso 6. libre 7. saludable

Puntos clave

Práctica de formas verbales **A.** 1. me desvelo, me desvelé/me desvelaba, me he desvelado, me desvelaré/me desvelaría, me desvele, me desvelara 2. madrugamos, madrugamos/madrugábamos, hemos madrugado, madrugaremos/madrugaríamos, madruguemos, madrugáramos 3. realiza, realizó/realizaba, ha realizado, realizará/realizaría, realice, realizara 4. posponen, pospusieron/posponían, han pospuesto, pospondrán/pospondrían, pospongan, pospusieran 5. cargo, cargué/cargaba, he cargado, cargaré/cargaría, cargue, cargara 6. Te ríes, te reíste/te reías, te has reído, te reirás/te reirías, te rías, te rieras **B.** 1. Lo pasan bien. 2. Están pasándolo bien/Lo están pasando bien. 3. Lo pasaron bien. 4. Lo pasaban bien. 5. Lo han pasado bien. 6. Antes de que empezara la fiesta, ya lo habían pasado bien. 7. Lo pasarán bien. 8. Lo pasarían bien. 9. Es bueno que lo pasen bien. 10. Era bueno que lo pasaran bien. 11. Pásalo bien. 12. No lo pasen bien. 13. Pasémoslo bien.

Los puntos clave principales: Hablar de los gustos
Gustar *y otros verbos parecidos* **A.** 1. te gustó 2. me gustaba 3. le encantan 4. le resulta 5. le fascinan 6. les preocupa 7. nos da igual **B.** (*Las opiniones variarán*) 1. A Laura le emocionan los conciertos de Mercedes Sosa 2. A Sara y Laura les gustan el café con leche y las galletas de chocolate 3. A Diego le hace falta tener más tiempo libre 4. A Cristina le molesta la dedicación de Diego al trabajo 5. A Sara le interesa entrevistar a Steven Spielberg

Los pronombres de complemento directo e indirecto **A.** 1. les 2. [] 3. [] 4. la 5. les 6. [] 7. [] 8. lo 9. le 10. [] 11. [] 12. lo 13. le 14. [] 15. le 16. [] 17. los 18. [] 19. les 20. [] 21. les 22. [] **C.** 1. Tengo un problema que necesito comentar con mi profesor, así que podemos comentarlo en nuestra reunión mañana. 2. Me encanta la música caribeña y por eso la escucho todas las noches. 3. Después de establecer una meta grande me siento ansiosa; por eso establezco metas pequeñas para poder realizarla. 4. El desempleo es un problema grave hoy en día y por lo tanto el gobierno quiere hacer todo lo posible para eliminarlo.

Opiniones **A.** 1. tenga, debe, duerma 2. pase, baile, siga 3. tenga, gaste, guarde 4. esté, debe, pida 5. tenga, ha escogido, beba **B.** 1. trabaje, trabajaba, trabajara, trabajaba 2. ha comprado, haya comprado, había comprado, hubiera comprado 3. ha corrido, haya corrido, corría, corriera **C.** 1a. Nos encanta que toquen esta música en Ruta Maya esta semana. 1b. Nos encantó que tocaran esa música en Ruta Maya esta semana. 2a. A Sara le fascina que ofrezcan clases de literatura en la Universidad de Texas. 2b. A Sara le fascinaba que ofrecieran clases de literatura en la Universidad de Texas. 3a. No me gusta que tengamos que memorizar los verbos irregulares. 3b. No me gustó que tuviéramos que memorizar los verbos irregulares. 4a. A los dueños de Ruta Maya les emociona que los eventos atraigan a personas activas en la política de la ciudad. 4b. A los dueños de Ruta maya les emocionó que los eventos atrajeran a personas activas en la política de la ciudad. 5a. Me encanta que hayan puesto los cuadros en las paredes de Ruta Maya. 5b. Me encantó que hubieran puesto los cuadros en las paredes de Ruta Maya.

Los otros puntos clave **A.** 1. escrito 2. renombrada 3. moderna 4. negativas 5. agotadas 6. es 7. agobiante 8. muchas 9. adecuado 10. estar **G.** 1. Sara lo pasó fatal anoche porque su amigo Pepe estaba de mal humor y se comportó como un aguafiestas. 2. Me desvelaría toda la noche si tuviera que prepararme para un examen importante.

Prueba diagnóstica: Capítulos 3 y 4

Paso 1 1. b 2. c 3. a 4. b 5. c 6. b 7. a 8. c 9. c 10. a 11. a 12. b 13. b 14. c 15. c **Paso 2** 1. Los, variados 2. una 3. el, fría 4. Las, beneficiosas **Paso 3** La música latinoamericana le fascina a Sergio tanto como le fascina a su padre.

PRÁCTICA ORAL

María Metiche

1. (*Respuestas posibles*) Diego preparó una comida excelente. 2. Charlaron y bailaron. 3. Francisco Ramos llegó y los entretuvo con sus historias. 4. Hicieron una barbacoa. 5. Diego estaba muy animado. 6. Cristina estaba de muy buen humor. 7. Sara y Laura estaban muy orgullosas.

Vocabulario del tema

1. d 2. a 3. b 4. c

Puntos clave

A. 1. las revistas de chismes 2. la danza moderna 3. la comida picante 4. hacer ejercicios aeróbicos 5. las horas que Diego pasa en «Tesoros» 6. desvelarse **B.** 1. A la gente fiestera uruguaya le encanta pasar los fines de semana en las playas del Océano Atlántico. 🔵 2. En su época, Carlos Gardel era tan popular como Elvis Presley en su propio tiempo. 🔺 3. Cuando Sergio tenía dieciocho años, su amor a la música se convirtió en el amor al baile. 🔵 4. Si sufriera Ud. del estrés, ¿iría a un psicólogo o se reuniría con sus amigos para resolver sus problemas? 🔵 5. Para una persona cuya meta es ser millonaria antes de cumplir los treinta años, es necesario sacarse el aire constantemente. 🔴

Para escuchar mejor

Antes de escuchar **B.** 1. 1934 2. 15 3. 70 4. 1982

¡A escuchar! **A.** 1. Falso 2. Cierto 3. Cierto 4. Cierto 5. Falso

Capítulo 5

PRACTICA ESCRITA

Vocabulario del tema

A. 1. i 2. j 3. d 4. e 5. g 6. c 7. b 8. f 9. h 10. a **B.** (*Las explicaciones variarán*) 1. el analfabetismo 2. egoísta 3. el ciudadano 4. atacar **E.** 1. alarmante 2. titulares 3. desnutrición 4. narcotráfico 5. SIDA 6. horripilantes 7. prensa 8. hacer de voluntaria 9. respeta 10. bienestar 11. alarmista 12. se entera

Puntos clave

Práctica de formas verbales **A.** 1. financío, financié/financiaba, he financiado, financiaré/financiaría, financíe, financiara 2. desarrollamos, desarrollamos/desarrollábamos, hemos desarrollado, desarrollaremos/desarrollaríamos, desarrollemos, desarrolláramos 3. vale, valió/valía, ha valido, valdrá/valdría, valga, valiera 4. me entero, me enteré/me enteraba, me he enterado, me enteraré/me enteraría, me entere, me enterara 5. promueven, promovieron/promovían, han promovido, promoverán/promoverían, promuevan, promovieran 6. afrontas, afrontaste/afrontabas, has afrontado, afrontarás/afrontarías, afrontes, afrontaras **B.** 1. La ofrezco. 2. Estoy ofreciéndola/La estoy ofreciendo. 3. La ofrecí. 4. La ofrecía. 5. La he ofrecido. 6. La había ofrecido antes de saber lo que quería decir. 7. La ofreceré. 8. La ofrecería. 9. Es increíble que la ofrezca. 10. Era increíble que la ofreciera. 11. Ofrécela. 12. No la ofrezcan. 13. Ofrezcámosla.

Los puntos clave principales: Hacer hipótesis **A.** 1. Si Sergio recibiera una invitación, iría al festival musical en Viña del Mar. 2. Si Javier volviera a Puerto Rico, se casaría con una puertorriqueña. 3. Si Sergio estuviera en Pamplona en julio, correría con los toros. 4. Si Laura pudiera, pasaría tres meses en Bolivia y Colombia. 5. Si los padres de Sara la visitaran en Texas, tratarían de convencerla de que regresara a España. 6. Si Diego abriera otra tienda en Nuevo México, estaría agobiado constantemente.

Los otros puntos clave **A.** 1. moderna 2. práctica 3. actuales 4. inteligentes 5. escandalosos 6. corruptos 7. polémicos 8. peligrosas 9. común 10. críticos **E.** 1. A Laura le molestaba que su padre fuera tan cauteloso. 2. A Javier le encantaba que los clientes de Ruta Maya tuvieran interés en la política. 3. A Sergio y Diego les gustaba que pudieran donar dinero a las ONGs cada año. 4. A Laura le importaba que hubiera gente generosa en este mundo. 5. A los cinco amigos les encantaba que Austin tuviera mucha gente activa en la política. **G.** 1. El padre de Laura no quiere que (ella) vaya a Colombia porque (a él) le molesta la violencia. 2. Si hicieras de voluntario/a en Latinoamérica, aprenderías español rápido y trabajarías con mucha gente fascinante.

María Metiche

1. (*Respuestas posibles*) Su padre le mandó artículos negativos sobre Latinoamérica. 2. Laura sacó información del Internet sobre Latinoamérica. 3. Laura alquiló documentales de *National Geographic*. 4. Laura se fue a visitar a su padre. 5. Ella hizo todo lo posible para tranquilizarlo. 6. Su padre estaba muy preocupado. 7. Laura estaba enojada con su padre. 8. Su padre se sentía más tranquilo cuando supo que Javier iba a acompañarla a Colombia.

Vocabulario del tema

1. c 2. e 3. a 4. b 5. d

Puntos clave

A. 1. Es posible 2. Es hipotético 3. Es posible 4. Es hipotético 5. Es posible **B.** 1. A Laura le molestan los titulares negativos que vienen de Latinoamérica porque preocupan a su padre. 2. Según Sergio, hay tanto crimen en los Estados Unidos como en Latinoamérica, pero el Sr. Taylor no está convencido de ello. 3. Me dio pánico ver a dos sospechosos que entraban en la sede con un rehén medio muerto. 4. Si hubiera una huelga protestando el aumento en la matrícula de la universidad, ¿participaría Ud.? 5. Hoy en día es importante que todos los ciudadanos luchen contra los prejuicios.

Para escuchar mejor

Antes de escuchar **A.** 1. 9 2. 1986 3. 1996 4. 8

¡A escuchar! **A.** 1. c 2. b 3. c 4. a

Capítulo 6

Vocabulario del tema

A. 1. f 2. i 3. g 4. b. 5. c 6. j 7. e 8. d 9. a 10. h **B.** (*Las explicaciones variarán*) 1. gratificante 2. inútil 3. pacífica 4. ingeniosa **C.** 1. disponibles 9. inesperado, aportar 3. se pregunta 4. Internet 5. la deforestación **D. Paso 1** 1. lo que, la desigualdad 2. lo que, la sobrepoblación 3. que, los recursos naturales 4. lo que, curarlo 5. que, la frontera 6. cuya, el Internet **E.** 1. el daño 2. curar 3. adelantos 4. polémica 5. la divisoria digital 6. la informática 7. desastroso

Puntos clave

Práctica de formas verbales **A.** 1. alcanzo, alcancé/alcanzaba, he alcanzado, alcanzaré/alcanzaría, alcance, alcanzara 2. predecimos, predijimos/predecíamos, hemos predicho, prediciremos/predecirían, predigamos, predijéramos 3. sobrevive, sobrevivió/sobrevivía, ha sobrevivido, sobrevivirá/sobreviviría, sobreviva, sobreviviera 4. me pregunto, me pregunté/me preguntaba, me he preguntado, me preguntaré/me preguntaría, me pregunte, me preguntara 5. reemplazan, reemplazaron/reemplazaban, han reemplazado, reemplazarán/reemplazarían, reemplacen, reemplazaran 6. adivinas, adivinaste/adivinabas, has adivinado, adivinarás/adivinarías, adivines, adivinaras **B.** 1. Me reemplazas. 2. Estás reemplazándome/Me estás reemplazando 3. Me reemplazaste. 4. Me reemplazabas. 5. Me has reemplazado. 6. Ya me habías reemplazado cuando llegué. 7. Me reemplazarás. 8. Me reemplazarías. 9. No me gusta que me reemplaces. 10. No me gustó que me reemplazaras. 11. Reemplázame. 12. No me reemplacen. 13. Reemplacémoslo.

Los puntos clave principales: Hablar del futuro **A.** 1. recogerá 2. distribuirán 3. pondrá 4. dirá 5. tendrá 6. estaré, podremos **B.** 1. tenga 2. tuviera 3. esté 4. saliera, estuviera 5. haya 6. hubiera 7. llamara, hubiera 8. haya **C.** 1. prepara 2. empiece 3. recibió 4. lleguen 5. entregue 6. llegaron 7. toque 8. estaban **E.** 1. llegó 2. conoció 3. se levanta 4. se vista 5. está 6. tenga 7. terminan

8. tenga 9. llegue 10. haya visto 11. se pierda 12. busquen 13. se aburra 14. sienta   **F.** 1. Habrá mucho tráfico. 2. Estará atrasada. 3. Estará emocionado. 4. Tendrá algún problema. 5. Estará harto.

Los otros puntos clave   **A.** 1. muchas 2. pocos 3. virtuales 4. Algunas 5. obsoletos 6. innovadores 7. ingeniosos 8. inesperados 9. insalubres 10. horripilantes 11. listos 12. tecnológicas 13. eliminado **E.** 1. le importaba 2. les preocupa 3. le molestaba 4. nos fastidió 5. le encantó   **F.** *(Las terminaciones variarán)* 1. fuera 2. tuvieran 3. supiera 4. estuvieran 5. quisiera   **G.** 1. Cuando tengas 70 años, habrá muchos adelantos ingeniosos que te harán la vida más fácil que tu vida actual. 2. A muchas personas no les interesa el teletrabajo porque les gustan los aspectos sociales de ir a la oficina.

Prueba diagnóstica: Capítulos 5 y 6

Paso 1   1. c   2. b   3. c   4. b   5. a   6. b   7. a   8. b   9. a   10. a   11. a
12. b   13. a   14. b   15. b   **Paso 2** 1. La, los, positiva   2. El, recibido   3. La, el
Paso 3 El director recomendó que tuvieran tantos conjuntos musicales el año que viene como han tenido este año.

PRACTICA ORAL

María Metiche

1. (*Respuestas posibles*). 1. Sara sugirió que Javier le dijera a su madre que salía con Laura. Diego dejó de trabajar tanto e invitó a Javier y a Laura a bailar en Calle Ocho con él y Cristina. Laura recibió una postal de Colombia y Javier se ofreció para acompañarla. 2. Después de confirmar definitivamente que Laura y Javier salían juntos, María Metiche estaba muy contenta. 3. Laura y Javier estaban emocionados la primera noche en que bailaron juntos en Calle Ocho. 4. El padre de Laura estaba aliviado cuando oyó que Javier acompañaría a su hija a Colombia.

Vocabulario del tema

1. b 2. b 3. b 4. b 5. b

Puntos clave

A. 1. Futura 2. Completa 3. Habitual 4. Futura 5. Habitual 6. Futura   **B.** 1. Es fantástico que Diego haya dejado de pasar tanto tiempo en «Tesoros».   2. La clonación de seres humanos es más horripilante que la llegada de extraterrestres a nuestro planeta.   3. Si nuestros hijos toman en serio la conservación de los recursos naturales, habrá esperanza para el nuevo milenio.   4. A Laura le preocupa la desigualdad y la falta de armonía que observa en el mundo actual.   5. Si Diego pudiera comprar y vender productos a través del Internet, sería alucinante.

Para escuchar mejor

Antes de escuchar   **B.** 1. shared, compartir 2. developed, desarrollar 3. called, llamar
¡A escuchar!   **A.** 1. Falso 2. Falso 3. Cierto 4. Cierto 5. Cierto

FORMULARIO PARA EL PORTAFOLIO DE LECTURAS

Nombre e información bibliográfica del artículo:

título _____

revista _____ número _____ fecha _____ páginas _____

Resumen del artículo:

_____

_____

_____

_____

_____

_____

_____

_____

_____

_____

_____

_____

_____

_____

_____

_____

Vocabulario nuevo y su significado en el contexto del artículo:

_____   _____

_____   _____

_____   _____

¿Cuáles son sus reacciones? Puede usar las siguientes frases, si quiere.

> Es interesante / increíble / redículo / evidente que...por lo tanto
> (No) Creo que...   porque
> (No) Me gusta que...   sin embargo
>   a menos que

_____

_____

_____

_____

_____

_____

Evaluación del artículo: 1 2 3 4 5 6 7 8 9 10

About the Authors

Sharon Wilson Foerster retired from the University of Texas at Austin in 2001, where she was the Coordinator of Lower Division Courses in the Department of Spanish and Portuguese, directing the first- and second-year Spanish language program and training graduate assistant instructors. She received her Ph.D. in Intercultural Communications from the University of Texas in 1981. Before joining the faculty at the University of Texas, she was the director of the Center for Cross-Cultural Study in Seville, Spain for four years. She continues her involvement in study abroad through her work as director of the Spanish Teaching Institute and as academic advisor for Academic Programs International. She is the co-author of *A Grammar Supplement Designed to Accompany Punto y aparte* (2000, McGraw-Hill), *Metas comunicativas para maestros* (1999), and *Metas comunicativas para negocios* (1998).

Anne Lambright is an Assistant Professor in the Department of Modern Languages and Literature at Trinity College in Hartford, Connecticut. After finishing her undergraduate work, she spent two years in Ecuador on a Fulbright Grant and then completed her M.A. and Ph.D. in Latin American Literature at the University of Texas at Austin. Her professional and research interests include Second Language Acquisition and teaching methodologies as well as Modern Andean Literature and Culture, **Indigenismo,** and Latin American women's fiction, areas of interest in which she has published several articles. She has a forthcoming book on the connection between ethnicity and gender in the narrative of Peruvian author José María Arguedas and is currently working on a new project on the relationship of woman and city as portrayed in contemporary Latin American women's fiction.

Fátima Alfonso-Pinto has been teaching Spanish and Portuguese courses since 1991. A former ERASMUS scholar in France, she received her *Licenciatura en Filología Hispánica* and her *Curso de Aptitud Pedagógica* diploma from the University of Salamanca, Spain and her Ph.D. from the University of Texas at Austin in 1999. After being a Spanish instructor for the *Cursos Internacionales* at the University of Salamanca for three years, she received the Excellence in Teaching Award for the Spanish department at Austin in 1996. Since 1992 she has presented several papers on Luso-Hispanic literature, has edited articles and books and has prepared an edition of a Medieval manuscript, published in London (1999). Before returning to Spain in 2002, she was an Assistant Professor at the University of the South in Sewanee, Tennessee for three years. She is currently the Director of the International Studies Abroad program in Salamanca, where she continues teaching and working with American students.